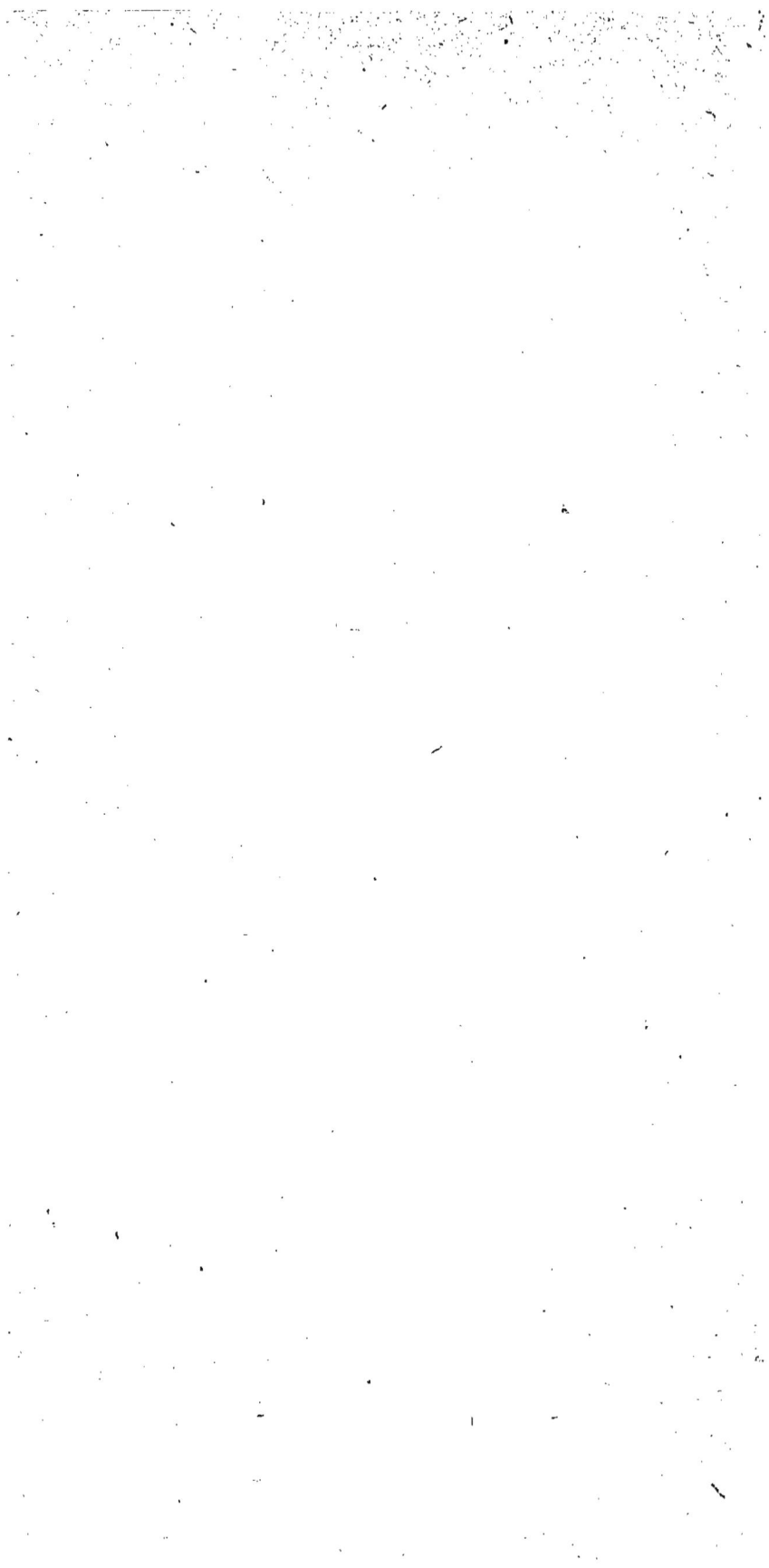

VIE

DE LA SOEUR

SAINTE ROSE,

RELIGIEUSE CONVERSE

DE L'HOTEL-DIEU DE SAINT-NICOLAS

DE COMPIÈGNE,

ET DÉCÉDÉE LE 27 MAI 1712.

RÉDIGÉE EN 1715 PAR LE R. P. AVRILLON,
MINIME.

PARIS.

A. JEANTHON, Libraire - Éditeur, Place
Saint-André-des-Arts, Nº 11.

HEU, Libraire, rue du Petit-Bourbon, Nº 18.

1835.

CET OUVRAGE SE TROUVE EGALEMENT

A PARIS,

Chez Gaume frères, rue du Pot-de-Fer-
Saint-Sulpice, n° 5 ;

A LYON,

Chez Périsse frères, Imprimeurs-Libraires ;

Rivoire, Libraire.

IMPRIMERIE DE A. HENRY,
RUE GÎT-LE-COEUR ; N° 8.

AVIS DE L'ÉDITEUR.

Nous croyons rendre un vrai service aux amis de la religion, en publiant un ouvrage inédit du célèbre père Avrillon, dont les écrits sont si généralement estimés et goûtés. Le manuscrit porte tous les caractères de l'authenticité, et le style dans lequel il est écrit, est un cachet de l'époque où vivait l'écrivain. Nous le donnons au Public tel qu'il est sorti de la plume de l'auteur. Il a parfaitement exprimé dans la vie *de la sœur Sainte Rose*, tout ce qu'il y a de beau et de sublime dans la vertu, tout ce qu'il y a de consolant dans la pratique de la piété, tout ce qu'il y a d'héroïque et d'admirable dans le dévouement au service de l'humanité souffrante : il n'a exprimé que la vérité de l'histoire. La religion a produit dans tous les tems ces beaux sentimens si féconds en bonnes œuvres, et si précieux pour les pauvres, parce que, dans tous les tems, elle a eu en son pouvoir le trésor de la charité chrétienne Notre siècle lui-même, malgré le débor-

dement affreux de son incrédulité et de sa
corruption, a aussi ses âmes privilégiées,
suscitées de Dieu, pour donner l'exemple
des plus belles vertus, et pour soulager
les besoins nombreux et pressans de l'humanité souffrante. Il semble même qu'elles
se soient multipliées à l'infini, pour le
bonheur de la société, dont elles sont
l'ornement et l'admiration. Il n'est point
de réduit obscur qui ne soit favorisé de
leur présence : il n'est point de misère
qui ne ressente la douce influence de leur
dévouement : il n'est point d'asile de l'in-
digence où l'on n'aperçoive des religieuses
qui font leurs délices d'habiter avec les
pauvres, et qui goûtent plus de jouis-
sances à les servir, que n'en éprouvent les
femmes mondaines au sein des plaisirs et
de l'opulence. Véritables anges terrestres, ministres de la Providence divine,
destinées à répandre avec abondance les
richesses de sa bonté, ne paraissant dans
ce monde que pour porter partout la consolation, la paix et le bonheur. Chef-d'œuvre admirable de la religion, qui porte
l'empreinte de sa divinité, et qui seul doit
confondre et faire rougir ses contradic-
teurs.

La Vie de la sœur Sainte Rose, que nous publions, est un tableau fidèle qui représente une de ces âmes privilégiées, parcourant avec zèle la carrière des bonnes œuvres, et donnant les plus beaux exemples de la charité chrétienne. Le vénérable auteur, avec son talent aussi simple que profond, peint au naturel les beaux sentimens qui l'animaient et les actes de vertu dont ils furent la source. C'est un des beaux modèles que l'on puisse offrir à l'imitation de tant de dames généreuses qui, comme elles, se dévouent au service et au soulagement des pauvres, et trouveront dans la lecture de sa vie édifiante, le secret d'être l'objet des complaisances du Ciel, et en même tems, de passer sur la terre comme le divin Sauveur, en faisant du bien.

Nous avons la confiance que le public religieux accueillera avec bienveillance cet ouvrage si propre à l'édifier. Notre but sera rempli s'il peut servir à la gloire de la religion, et à susciter *à la sœur Sainte Rose*, des imitatrices de sa vertu et de son dévouement.

L'Abbé E. P. G. des LAZ.

A L'ÉDITEUR.

J'ai lu avec autant d'édification que de reconnaissance, la Vie de la sœur Sainte Rose, que vous avez bien voulu me communiquer, à mesure qu'elle sortait des presses, que vous consacrez avec tant de zèle et de choix à la consolation des âmes pieuses. Je ne saurais mieux vous témoigner combien je suis sensible à votre confiance, qu'en vous invitant à réunir à cette excellente publication, une courte notice, extraite de nos plus estimées biographies, et si honorable à la mémoire du savant et modeste auteur auquel la religion et l'humanité sont redevables de leur avoir transmis un trésor dont les fidèles ont été privés jusqu'à ce jour.

Avrillon (Jean-Baptiste-Élie), religieux Minime, naquit à Paris, en 1652, fit profession en 1671, et mourut dans la même ville en 1729, âgé de soixante-dix-huit ans. Ses supérieurs le destinèrent au ministère de la chaire, et il ne s'y prépara pas seulement par une étude sérieuse de l'Écriture Sainte et des Pères, mais encore par celle de l'hébreu, pour mieux entendre l'Ancien Testament. Il prêcha depuis 1766, jusqu'à 1728, c'est-à-dire, pendant cinquante-trois ans, et fut toujours également suivi et goûté, en province comme à Paris, où il a passé les trente dernières années de sa vie.

La plupart de ses ouvrages, imprimés plusieurs fois, sont remplis des vives lumières, et de l'onction qui le caractérisaient, et qui engageaient tant de personnes à l'écouter lorsqu'il prêchait, ou à se mettre sous sa direction, et à le prendre pour guide dans la vie spirituelle.

Le père Avrillon, s'étant surtout distingué par ses sermons et ses livres ascétiques, tout lecteur impartial et éclairé n'attribuera la répétition des mêmes pensées, et quelques négligences de style, qu'à l'époque où écrivait cet infatigable écrivain.

Les principaux fruits de son zèle inépuisable, sont:

Méditation sur la sainte Communion. — Retraite de dix jours pour tous les états. — Conduite pour passer saintement le tems de l'Avent. — IDEM pour le tems de Carême. — — IDEM pour les octaves de la Pentecôte, — du Saint-Sacrement, — de l'Assomption. — Commentaire affectif sur le *Miserere*, pour servir de préparation à la mort. — Traité de l'amour de Dieu. — Réflexions pratiques sur la divine enfance de J.-C. — Pensées sur divers sujets de morale. —

La dignité de l'âme. — L'amour du prochain. — Les attributs de Dieu. — Les per-
fections et les noms de Dieu. — Les Trente
années sacrées pour chaque jour du mois. —
Nécessité de l'adoration. — Les différens
abandons de Dieu. — Avantages des afflictions. — L'amour de Dieu à l'égard des
hommes.

Voyez Abrégé de sa vie, *par l'abbé Goujet.*
= Bibliothèque sacrée *des PP.* Richard *et*
Giraud, *Dominicains.* = Dictionnaire historique et bibliographique de Ladvocat. =
= Dictionnaire historique des grands hommes, *par Feller.* = Dictionnaire universel et
critique, de Chaudon et Delandine. = *Bio-*
graphie universelle de Michaud. = France
littéraire de Guérard.

L'Abbé P. H. A., anc. Vic. gén.

ÉPITRE DÉDICATOIRE

DAMES RELIGIEUSES

DE SAINT-NICOLAS DE COMPIÈGNE.

C'EST avec bien de la joie, Mesdames, que je m'acquitte aujour-
d'hui de la commission honorable
dont vous m'avez chargé dans mon
dernier voyage à Compiègne, et qu'a-
près une longue maladie, je consacre
avec plaisir les premiers momens de
ma faible santé à travailler sur les
mémoires que vous m'avez mis entre
les mains, pour écrire la vie, et pour
vous remettre devant les yeux les actions saintes et les vertus chrétiennes
et religieuses de la vénérable sœur de
Sainte Rose, votre compagne, votre
sœur et votre fidèle amie, afin de
vous engager à imiter une sainte re-

1

ligieuse que vous regrettez, et dont la mémoire est en bénédiction dans votre maison.

Vous avez été ensemble les domestiques du Roi des rois, aussi bien que les épouses ; cette vierge si pure, si charitable et si ardente dans tous ses devoirs de religion, a couru à pas de géant après l'agneau sans tache ; elle est enfin parvenue avant vous aux noces éternelles et aux chastes embrassemens de l'époux des vierges, auxquels vous aspirez, et vous n'y serez admises qu'après elle.

Courez donc avec la même ardeur qu'elle a couru, puisque vous fournissez la même carrière qu'elle a glorieusement terminée ; que vous avez les mêmes secours et que vous espérez la même couronne. Suivez constamment les routes qu'elle vous a frayées par sa vertu laborieuse sans vous lasser, et sans jamais vous écarter des sentiers étroits de la justice, de la piété et de la perfection religieuse, de peur de perdre de vue l'époux céleste à qui vous vous êtes volontairement consacrées, et qui vous a séparées, par sa grâce et sa miséricorde, du monde corrompu où vous vous seriez peut-être perdues, pour vous attirer dans la religion par l'odeur de ses délicieux parfums ; en un mot, vous aspirez au même terme, suivez les mêmes traces.

L'exemple que je vous propose ici dans la personne de la sœur de Sainte Rose, n'est pas un exemple étranger, mais domestique : il a été sous vos yeux, faites en sorte de ne l'oublier jamais : ce n'est point une rose plantée dans le nouveau monde du Pérou, comme l'illustre rose de Lima, que je vous prie d'aller cueillir pour en respirer l'agréable et délicieuse odeur, mais une Rose domestique plantée par les mains adorables de votre divin époux dans le jardin mystérieux de votre sainte maison, et dont plusieurs d'entre vous ont eu la consolation d'admirer les heureux prémices, les admirables accroissemens, et la fin toute glorieuse.

Le même soleil qui avait donné naissance à cette Rose si pure et d'une odeur si exquise dans le parterre de la religion par la grâce, et qui l'avait cultivée à vos yeux par les divines ardeurs, l'a fait aussi passer de cette vie pour être récompensée dans l'autre : son céleste époux, qui est aussi le vôtre, charmé de la délicieuse odeur de cette Rose, l'a cueillie avec plaisir au milieu de vos larmes et de vos sanglots, pour être transportée dans son parterre céleste, dans la compagnie des anges et des saints, qui sont autant de fleurs qui font l'ornement du Ciel, et qui ne se faneront jamais, quoiqu'exposées, pendant une éternité tout entière, aux plus vives ardeurs du soleil de justice. Nous pouvons croire, sans trop présumer, et selon toutes les apparences, qu'elle fait aussi, comme les autres vierges couronnées , un des ornemens du jardin céleste de l'époux.

Je ne vous propose pas ici des miracles d'éclat qu'on peut moins imiter que respecter et admirer , car encore qu'elle ait été le glorieux instrument, dès sa plus tendre jeunesse, de plusieurs actions prodigieuses , nous n'osons rien prononcer sur cet article si délicat, c'est à l'église à décider , et à nous à rapporter avec simplicité ces faits si brillans et si dignes de notre admiration.

Tout est ici à notre portée , ce sont des vertus chrétiennes et religieuses à la pratique desquelles vous êtes engagées comme elle , par votre baptême et par vos vœux , pour répondre à l'attrait céleste de votre grâce , et assurer votre salut dans la religion : c'est une piété soutenue, c'est un amour héroïque pour Dieu et une charité ardente pour le prochain, c'est une foi vive, c'est une humilité profonde , c'est un esprit de recueil-

lement et d'oraison, c'est un déta-
chement parfait et une pauvreté évan-
gélique, c'est une prudence consommée, c'est une obéissance prompte
et aveugle, c'est une douceur admirable et formée sur celle de Jésus-
Christ, c'est une pureté et une modestie angélique, c'est une mortification universelle, c'est un travail infatigable, c'est un amour ardent pour
les pauvres, c'est enfin un attachement tendre et constant à tous ses
devoirs.

Vous voyiez tous les jours cette
chère sœur, et vous admiriez sa vertu
et son courage; vous la voyiez, dis-
je, quelquefois aux pieds des pauvres
membres de Jésus - Christ, comme
une humble servante prosternée, les
regardant comme ses maîtres et ses
maîtresses, et sa charité laborieuse
et sans bornes vous édifiait. Vous pou-
viez entendre les paroles de vie qu'elle
adressait aux libertins et aux agoni-
sans pour toucher le cœur endurci des

uns et procurer aux autres une mort
chrétienne et précieuse. Vous souf-
friez même qu'elle vous parlât de
Dieu et de vos devoirs, et qu'elle
en répandît la plénitude sur vous :
car encore qu'elle vous fût inférieure
par son rang de sœur converse, vous
trouviez cependant en elle une supériorité de mérite, qui vous faisait respecter et recevoir dans l'esprit de
charité les bons avis qu'elle vous
donnait ; aussi le faisait-elle avec une
bonté, un respect, une tendresse et
une sage précaution qui marquaient
également et son zèle et son bon cœur,
et qui insinuaient avec d'autant plus
de succès ses avis dans le vôtre, que
vous étiez persuadées qu'ils coulaient
de source et d'un cœur exempt d'a-
mertume et de hauteur, mais, au
contraire, tout rempli de charité, et
qu'elle pratiquait la première ce qu'elle
prenait la liberté de vous dire.

Par la miséricorde de Dieu, elle
a toujours parlé à des cœurs dociles ;

et l'on peut dire que ses paroles, semblables à celles du prophète Samuel, ne sont point tombées par terre : on les a relevées avec succès, on en a profité, on en voit les fruits ; heureux s'ils étaient universels ! c'est une divine semence cachée dans la terre qui ne produit pas aussitôt qu'elle y est répandue ; mais il faut demander à Dieu que, selon les paroles de l'Évangile, elle produise dans le tems marqué par les soins paternels de là Providence, le soixantième et même le centième.

Ressouvenez-vous, s'il vous plaît, mes très-honorées Dames, que vous êtes dans la terre des saints, et que votre illustre maison est, depuis plusieurs siècles, une maison de saintes et ferventes religieuses, et qu'enfin la dernière qu'elle vient d'envoyer au ciel, dans la personne de notre chère et illustre sœur de Sainte Rose, a été précédée de plusieurs grandes âmes et saintes religieuses qui se sont sanc-

tifiées dans la même règle, dans
les mêmes constitutions, dans les
mêmes observances et dans les mêmes
pratiques, et qu'enfin il suffit d'ac-
complir ce qui vous est prescrit, et ce
que vous avez promis si solennelle-
ment à Dieu pour devenir des saintes,
et pour rendre votre élection certaine.
Ressouvenez-vous, dit le grand apôtre, que la volonté de Dieu est votre
sanctification, et qu'il vous en a
fourni plus de moyens qu'aux autres, en vous appelant à son sanctuaire.

Faites encore attention que vous
avez des saintes dans votre maison,
et que, selon la prédiction d'une sainte
âme qui est morte en réputation et
en odeur de sainteté dans la ville où
vous êtes, il y aura des saintes dans
votre maison jusqu'à la consommation des siècles.

L'esprit de la maison de Saint-Nicolas est saint; on y aime le bien,
on y pratique la vertu; la foi y est

pure, on y a de l'horreur pour les
erreurs et pour les nouveautés perni-
cieuses, il y a de l'ardeur pour les observances religieuses, les pauvres y
sont secourus avec beaucoup de charité, et c'est peut-être ce qui vous
attire les bénédictions du Ciel ; on y
adore, on y respecte la divine enfance
du Sauveur par des sacrés cantiques
auxquels la sœur de Sainte Rose était
des plus assidues; l'office divin s'y fait
avec pompe et majesté, on y chante
les louanges de Dieu comme dans le
Ciel, et votre chœur m'a paru plusieurs fois comme une armée d'anges
terrestres rangée en bataille pour faire
une agréable violence au cœur de Dieu,
pour désarmer sa justice en faveur des
pécheurs, et pour obtenir plus sûrement ses grâces et ses miséricordes.

Je parle ici, Mesdames, par ma
propre expérience ; j'ai l'honneur de
connaître à fond votre illustre et sainte
maison. Plusieurs d'entre vous m'ont
honoré de leur confiance, et je n'en suis

sorti que parfaitement édifié; je n'excepte pas même votre chère défunte dont je vais exposer les vertus à vos yeux, laquelle, en montrant quelquefois sa conscience, m'ouvrait en même tems un livre où je lisais ma condamnation; en un mot, je l'ai vue à mes pieds, à ma confusion : heureux si je pouvais être aux siens!

D'ailleurs, Mesdames, le sanctuaire que vous habitez a toujours été saintement gouverné et il l'est encore; nous avons lieu d'espérer qu'il le sera de même jusqu'à la consommation des siècles, et c'est un grand secours pour vous aider à acquérir la perfection de l'état religieux que vous avez si généreusement embrassé, et pour vous soutenir dans toutes vos peines. Toutes celles que vous avez choisies, depuis un tems immémorial, pour vous conduire en qualité de prieures, ont été de vraies mères et d'un mérite distingué, qui vous ont édifié par leurs bons exemples aussi bien que celle que vous avez l'avantage d'avoir à présent à votre tête ; il suffit d'écouter ses sages conseils et de suivre ses bons exemples pour vous sanctifier.

Profitez donc, Mesdames, de tant de motifs qui vous engagent à suivre votre attrait, à remplir vos devoirs, à soutenir avec dignité la glorieuse qualité d'épouses dévouées et consacrées à l'époux des vierges, et qui vous facilitent la conquête du Ciel. Je finis cette lettre en vous conjurant humblement d'accorder le secours de vos saintes prières à celui qui vous présente cet écrit pour votre consolation.

Je suis avec respect, en notre Seigneur Jésus-Christ,

Mesdames,

Votre très-humble et très-obéissant serviteur,

1714.　　　　AVRILLON, *religieux.*

VIE

DE LA VÉNÉRABLE SŒUR

DE SAINTE ROSE,

RELIGIEUSE CONVERSE DE L'HÔTEL-DIEU DE SAINT-
NICOLAS DE COMPIÈGNE, DÉCÉDÉE LE 27 MAI 1712.

———◆———

La vénérable sœur, Marie-Anne Pouillet, dite de Sainte-Rose, que nous venons
de perdre, et dont nous allons écrire les
vertus et la vie pour satisfaire aux désirs
et aux louables empressemens de la ville
qui lui a donné naissance, pour l'honneur de la sainte maison qui a été le
théâtre de ses grandes actions, pour la
consolation des épouses de Jésus-Christ
dont elle a été la compagne, pour servir
d'exemple et d'instruction aux personnes
qui sont consacrées, par état, au service
des pauvres en qualité d'hospitaliers, naquit à Compiègne, ville de l'île de France
et du diocèse de Soissons, le septième jour
du mois d'août mil six cent cinquante-

neuf, de parens beaucoup mieux parta-
gés de vertus chrétiennes que de biens de
fortune : son père, qui était un homme de
bien, s'appelait Claude Pouillet, sa mère,
qui avait de la piété et de la religion, se
nommait Jeanne Petit, et ils vivaient l'un
et l'autre du métier de boulanger.

Dieu bénit leur mariage en leur donnant deux filles ; l'aînée a pris parti dans
le monde, et elle y a vécu avec beaucoup
d'honneur et de sagesse dans son état mé-
diocre : la seconde fut celle dont nous allons parler, à qui on donna le nom de
Marie-Anne sur les fonds de baptême,
nom dont elle a toujours rempli parfaitement la signification, par une tendre dévotion envers la mère de Dieu, et par une
application continuelle à imiter ses vertus, surtout celle de l'humilité et de la
pureté qu'elle a plus aimée que sa propre vie. Dieu a préféré cette cadette à
son aînée, pour en faire son épouse dans
la religion, une humble servante des pauvres et de toutes ses sœurs, et un des plus
beaux ornemens de son sanctuaire dans
l'illustre maison de Saint-Nicolas de Compiègne.

Comme la plupart des autres saintes que l'église honore d'un culte public, elle fut prévenue, dès la plus tendre jeunesse, d'une grâce toute extraordinaire, de sorte qu'on la regardait déjà, dès son enfance, comme un de ces arbres du commencement du monde, qui, dès qu'ils furent plantés de la main de Dieu, dans le Paradis terrestre, portaient des feuilles, des fleurs et des fruits tout ensemble.

Cette grâce singulière se développait et brillait à mesure qu'elle avançait en âge, et la fidéiité à y répondre était déjà marquée par une obéissance exacte et soumise en toutes choses, par une tendre piété, une modestie singulière et une douceur qui lui attirait tous les cœurs, de sorte qu'on pouvait dire de cet enfant, ce qui est écrit dans la Sagesse, que la Grâce lui servait de nourrice, et qu'elle suivait déjà tous ses divins mouvemens avec une attention et une fidélité qui surpassait son âge (*Sap.*, chap. xv.), et que, semblable au jeune Samuel, elle profitait en croissant, et plaisait aux yeux d Dieeu et des hommes (*Reg.*)

Elle pouvait se vanter, avec le Sage, d'a-

voir eu, en naissant, une bonne âme en partage ; mais beaucoup plus fidèle que ce roi
d'Israël, elle n'en a jamais flétri la beauté
ni souillé l'innocence par aucune attache
criminelle à la créature. Elle avait, en
effet, un esprit vif, mais recueilli et sans
hauteur, une humeur gaie, agréable et
enjouée ; mais toujours réglée par la sagesse et par une modestie singulière ; une
mémoire heureuse, mais toujours appliquée et remplie de bonnes choses ; un
cœur tendre et bienfaisant pour tout le
monde et en tout tems, mais incapable
d'aucune lâcheté et d'aucune faiblesse et
toujours ennemie déclarée de la volupté
qu'elle regardait comme un monstre affreux qui lui faisait horreur, et toujours
attachée à Dieu qu'elle commença d'aimer
de toutes ses forces dès le moment que sa
raison, développée des ténèbres de l'enfance, commença à le connaître.

Ses parens, qui avaient beaucoup de
religion, prirent soin de lui donner toute
l'éducation, et de lui procurer toute l'instruction dont ils étaient capables selon
leur état et leur condition ; on lui apprit
à prier, et elle prit tant de goût et de plai-

sir à ce pieux exercice, qu'elle l'apprit
bientôt aux autres; on lui enseigna la
doctrine chrétienne pour lui donner les
premiers élémens de la religion; elle s'y
appliqua; elle y réussit de manière que
les prêtres, qui étaient ses maîtres, de-
vinrent bientôt ses admirateurs et ses
panégyristes, et que, dans un âge où elle
ne faisait encore que balbutier, elle savait déjà instruire et répandre de sa plénitude sur les enfans de son âge auxquels
elle l'apprenait avec un admirable succès.

Marie-Anne, encore enfant, prenait
un singulier plaisir à assembler ses pareils, tantôt devant la porte, tantôt dans
un cimetière pour leur répéter ce qu'elle
savait déjà parfaitement, en attendant
qu'elle eût assez de force pour aller dans
les villages voisins secourir les pasteurs
et enseigner à leurs jeunes ouailles, avec
un zèle apostolique, tantôt à prier, tantôt à connaître et à aimer Dieu, tantôt à
produire des actes de contrition et d'a-
mour de Dieu. Tantôt elle leur expliquait
les points les plus nécessaires et les plus
difficiles de la doctrine chrétienne; tan-

tôt elle récitait et leur faisait réciter les prières du soir et du matin, et elle le faisait toujours avec un recueillement, une dévotion et une ferveur qui en inspiraient aux autres; tantôt elle les entretenait de l'horreur du péché et des supplices affreux et éternels de l'enfer qui en étaient la juste punition, pour insinuer dans les jeunes enfans la crainte d'offenser Dieu; tantôt elle leur faisait comprendre le danger des mauvaises compagnies, qui amusent le cœur, qui le séduisent et le corrompent, quand on n'avait pas assez de précaution ni de crainte de Dieu pour les éviter; et elle avait une facilité, une onction, une douceur, un zèle qui la faisaient réussir en tout et lui conciliaient, toute jeune qu'elle était, l'amour, le respect et l'admiration de tout le monde.

Ses talens, naturels et surnaturels, qui étaient extraordinaires, lui donnaient une espèce de supériorité parmi ses compagnes; aussi, avait-elle une supériorité de mérite à laquelle il était impossible de ne pas déférer. Elle en sut tirer avantage, non pas pour flatter sa vanité et son amour-propre, mais pour mieux procu-

rer la gloire de Dieu , le salut et l'instruction des enfans.

Elle était également aimée et respectée
de ses compagnes ; elles la suivaient partout avec empressement comme leur pe-
tite maîtresse ; et la jeune Marie-Anne, qui
n'avait de l'ardeur et du zèle que pour
aimer Dieu et pour le faire aimer de tout
le monde , avait appris déjà le secret de
faire passer ses talens de l'ordre naturel
dans l'ordre surnaturel, et de profiter de
celui qu'elle avait de se faire aimer de
ses compagnes, pour tourner leurs esprits et leurs cœurs plus efficacement vers
Dieu.

Elle fit sa première communion avec
une ardeur de séraphin ; comme elle avait
tout ce qu'il fallait pour s'approcher dignement de cet auguste sacrement, c'est-à-
dire l'instruction , les lumières , l'innocence, les désirs, la pureté et l'amour, il
produisit en elle des effets surprenans.
Elle devint une autre personne, et cette
nourriture des forts lui communiqua une
générosité , une grandeur d'âme et un esprit de force au-dessus de son âge et de
son sexe ; elle fut, dès-lors, si intime-

ment unie avec son céleste époux, que
rien ne fut capable de l'en séparer : elle
commença, dès-lors, à goûter Dieu avec
délices et à l'aimer avec plus d'ardeur, à
vivre de la vie intérieure, à se pénétrer
plus exactement de sa divine présence, qui
lui devint familière, et à renoncer plus
que jamais aux amusemens ordinaires des
enfans.

L'époux des vierges, non content d'ê-
tre uni à elle par la sainte communion,
la fit entrer lui-même comme l'épouse
des cantiques dans ses appartemens secrets; il la favorisa avec abondance de
ses divines communications; il parla con-
fidemment à son cœur dans la solitude,
et lui donna un libre accès dans ses divins celliers, où il commença à l'enivrer,
comme son épouse choisie; du vin exquis
et délicieux de sa charité, et le feu sacré, dont il sortait des étincelles dans
tous ses discours, ne manqua pas de produire des effets qui sont pour l'ordinaire
inséparables. Le premier est un zèle ardent et généreux pour la gloire de Dieu ;
le second est une délicatesse infinie et un
amour fort et extraordinaire pour la pu-

reté, et Dieu, qui ne voulait pas que ses
deux vertus angéliques fussent oisives
dans son cœur, lui fit naître souvent l'occasion de les pratiquer.

Une jeune demoiselle de la ville s'étant
approchée d'elle avec la gorge trop découverte, elle conçut tant d'horreur de
cette immodestie, si ordinaire à celles de
son sexe et de son âge, qu'appelant aus
sitôt son zèle au secours de sa pudeur
alarmée, et sans balancer un moment,
elle cracha avec indignation sur son sein,
quoique cette demoiselle fût d'une condition plus relevée que la sienne, selon
le monde, et elle accompagna cette action
hardie et extraordinaire, de reproches si
sensibles et si touchans, de remontran-
ces si fortes et si pathétiques, que la personne coupable de cette immodestie, loin
de s'irriter d'une correction si surprenante et si contraire aux manières du
monde corrompu, conçut une salutaire
confusion de sa faute, la répara sur-le-
champ de son mieux, se corrigea dans la
suite, promit à la jeune Marie-Anne de
ne donner jamais de pareils scandales,
et augmenta l'amour et l'estime qu'elle

avait pour cette chaste épouse de Jésus-Christ ; elle eut ensuite de plus intimes liaisons avec elle, dont elle sut faire son profit pour le bien de son âme.

Le zèle ardent qu'elle avait pour la pureté, avait donné à son visage un air de majesté, qui semblait être un précieux écoulement de celui de Jésus - Christ, quand il chassa les profanateurs du temple ; aussi était-il impossible de ne pas la respecter quand son zèle la faisait parler, quelques duretés qu'elle dît alors aux personnes trouvées en faute, et à qui elle faisait la correction.

Je ne m'étonne pas de ce que la salive de notre adorable Sauveur ait rendu les yeux du corps à un aveugle né ; il était la source de lumière, et un Dieu tout-puissant pouvait employer avec succès les plus faibles instrumens pour opérer les prodiges les plus surprenans. Mais il y a lieu d'être surpris de ce que celle de notre jeune vierge ait guéri l'aveuglement, et ouvert les yeux de l'âme à une fille mondaine : cependant il y a de quoi profiter dans la pureté incomparable de l'une et dans l'extrême docilité de l'autre.

Sa grande délicatesse sur le fait de la pureté, augmentait dans son cœur l'amour qu'elle avait pour Jésus-Christ, l'époux des vierges, et dont les délices sont parmi les lis de la pureté. Mais son grand amour produisait son zèle, qui, dans le sentiment des Saints Pères, n'est autre chose qu'un zèle violent qui ne peut pas se concentrer dans les bornes du cœur, et qui veut tout attirer à Dieu. Son zèle était si généreux, si ardent et si intrépide, qu'elle s'exposait volontiers, non-seulement aux reproches, aux railleries, aux mépris et aux injures les plus atroces, mais encore aux outrages et à la mort même pour soutenir l'honneur de la pureté dans les personnes de son sexe. De là venait cette sainte colère qui l'embrâsait d'un feu tout divin, dès qu'elle entendait ou une parole déshonnête ou une chanson libertine, et qui blessait la pureté ; alors elle ne se contentait pas du conseil du sage, qui veut qu'on bouche ses oreilles ou qu'on les environne d'épines, de peur de rien entendre qui puisse préjudicier à l'innocence de l'âme et porter la corruption dans le cœur : mais elle frémissait, elle gémissait, elle reprenait, elle menaçait de la colère de Dieu; elle s'opposait, comme un mur d'airain, aux violences des libertins pour soutenir la pureté dans tout son éclat, persuadée qu'une secrète réprimande est souvent stérile et ne suffit pas toujours pour réprimer la violence, mais qu'il est quelquefois nécessaire d'aller jusqu'à l'éclat pour arrêter l'infâme licence de ces coupables, quand ils attaquent insolemment la vertu pour laquelle on doit avoir plus de précaution et de délicatesse, qui est la pureté.

Elle a toujours été l'implacable ennemie des romans et des livres pernicieux et contraires à la pudeur, qui lui paraissaient d'autant plus capables de corrompre l'esprit et le cœur, et d'une manière d'autant plus dangereuse que, parmi les personnes de son âge et de son sexe, il s'en trouve quelques-unes qui portent un cœur enclin à la corruption, et n'ayant qu'un reste de fausse pudeur retranchée seulement sur les oreilles et sur l'extérieur, n'ont pas assez de hardiesse pour entendre ni prononcer des paroles

dissolues, de peur de perdre leur réputation, mais qui n'ont pas assez de conscience, ni assez de pureté dans le fond de
l'âme, ni de crainte de Dieu pour se priver de ces lectures dangereuses qui satis-
font en secret leur libertinage et l'avidité
qu'elles ont pour le plaisir, sans risquer
un vain fantôme d'honneur qu'elles veulent conserver seulement aux yeux des
hommes; comptant pour rien de perdre
leur innocence et leur véritable honneur
aux yeux de Dieu.

Il n'y a jamais eu personne assez hardi
pour lire ou pour tenir, en sa présence,
aucun roman ni aucun livre d'histoires
ou d'aventures tant soit peu déshonnêtes;
toujours appliquée à conserver en soi et
dans autrui le trésor inestimable de la
pureté, elle avait une adresse admirable
à découvrir ces sortes de livres, et une
hardiesse intrépide à les enlever des mains
de ceux qui en faisaient un mauvais usage pour les jeter au feu, sans s'alarmer
des suites fâcheuses et des reproches que
son zèle pouvait lui attirer.

En passant par les rues de Compiègne,
elle aperçut une demoiselle de sa connais-

sance, à sa porte, qui tenait un livre à la main ; elle s'approche d'elle, jette les yeux sur ce livre, et s'aperçoit qu'il est pernicieux ; elle le lui arrache dans l'instant, et le déchire en présence de plusieurs demoiselles. Celle-ci, effrayée d'une action si vive dans une fille qui avait une douceur extraordinaire en partage, demeure surprise, à la vérité ; cependant, loin de repousser cette injure prétendue par une autre, elle la regarde avec admiration, n'osant lui demander la raison d'un procédé si peu régulier selon le monde ; elle respecte même ce mystérieux et sage emportement, promettant de se corriger et de ne plus jamais lire de mauvais livres.

Elle apprend qu'une autre personne a une bibliothèque entière de romans et d'autres livres dangereux, et que de là ils se répandaient dans la ville en plusieurs mains différentes qui pouvaient en faire un pernicieux usage. Après avoir demandé des lumières à Dieu dans une affaire également délicate et épineuse, elle s'insinue adroitement chez cette personne ; elle trouve le moyen de s'emparer de tous

ces livres; elles les enlève ; plus généreuse que Rachel qui déroba toutes les idoles
de Laban, et qui, pour éviter sa colère,
les cacha sous un chameau, sans oser dé-
clarer son pieux larcin, celle-ci les met
hardiment au feu, sans s'embarrasser ni
du prix qu'ils avaient coûté, ni du res-
sentiment de la personne coupable, sa-
chant trop bien que ces sortes de livres
dérobaient à Jésus-Christ des âmes qui
lui coûtaient bien plus cher, puisqu'il les
avait rachetées au prix de son sang ; et
Dieu bénit cette action de zèle comme les
autres, puisqu'on n'osa lui en faire le
moindre reproche.

Enfin, tout ce qui pouvait blesser tant
soit peu la pudeur et salir l'imagination,
était traité avec la même hardiesse et la
même intrépidité par notre généreuse
Marie-Anne. Les images et les peintures
déshonnêtes avaient, entre ses mains, le
même sort que les mauvais livres, car
ou elle les déchirait en pièces après les
avoir enlevées avec une heureuse violence, ou les flammes lui en faisaient raison, persuadée qu'il valait beaucoup
mieux condamner au feu temporel et ré-

duire en cendres ces instrumens de crime et de libertinage, que d'exposer une âme rachetée du sang de Jésus-Christ, aux feux éternels de l'enfer.

Son zèle pour la gloire de Dieu et pour la pureté allait quelquefois à de pieux excès ; mais comme ils ont été toujours inspirés de Dieu et qu'il n'y entrait aucune vue humaine, ils ont toujours eu d'heureux succès. Elle s'est exposée au danger évident d'être massacrée, et il s'en est peu fallu qu'elle n'ait été la glorieuse victime de la chasteté : ce qu'elle cherchait avec empressement. Mais Dieu qui voulait que cette épouse chérie fournît une plus longue carrière, remplie d'une infinité de faits éclatans et d'actions héroïques, arrêta le bras de celui qui voulait l'immoler à sa passion et à son aveugle fureur ; en voici l'occasion.

La jeune Marie-Anne, qui semblait être elle seule chargée du soin de la pudeur de toutes les filles de son âge, parce que MM. les Curés de la ville, qui connaissaient à fond et son incomparable pureté, et l'ardeur de son zèle, et l'autorité que sa vertu lui avait donnée, et la force et

l'onction que le Seigneur avait données à
ses paroles, l'avaient choisie de concert
pour découvrir et pour exterminer les
mauvais lieux. Elle s'acquitta de ce laborieux et périlleux emploi avec une pudeur admirable et une vigilance extraordinaire, et elle y réussissait presque toujours.

Cependant, il paraîtra surprenant qu'on
ait confié ce ministère si délicat à une fille
qui n'avait pas encore atteint sa dix-hui-
tième année; ce qui demanderait des personnes consommées en sagesse, en expérience, en âge, en capacité, et qui
eussent assez d'autorité pour se faire respecter et se soutenir contre les libertins qui n'entendent ni raison ni religion, parce que la passion et la volupté
leur ont fait perdre l'une et l'autre.. C'est
par conséquent ce qui fait l'endroit le plus
brillant de Marie-Anne, encore jeune fille
et séculière; et la confiance des pasteurs,
et le respect des personnes libertines de
l'un et de l'autre sexe, publient également
son mérite, sa pureté, sa vertu et sa capacité.

Munie de cette mission, et soutenue de

son amour et de son zèle, elle allait chercher les filles mondaines jusque dans les
lieux les plus cachés, pour leur faire
des leçons sur la pureté et la modestie
chrétienne, ou pour les arracher avec
une heureuse et sainte violence d'entre les
mains infâmes de ceux qui les voulaient
suborner; et il était très-rare qu'on lui
résistât.

Elle s'aperçut des assiduités trop fréquentes d'un jeune homme auprès d'une
jeune demoiselle de la ville; et cette fréquentation, trop suspecte, commençant
à causer du scandale, elle y courut avec
ardeur; et portée sur les ailes de son ardente charité, de son zèle et de son amour
incomparable pour la pureté, elle y vola
comme une chaste colombe pour sau-
ver l'honneur chancelant d'une fille chrétienne qui courait risque de perdre et
la grâce et le plus précieux de tous les
trésors. Elle parla d'abord avec douceur, ensuite avec hardiesse; elle me-
naça, et fit des efforts pour arracher
cette proie d'entre les mains de son infâme ravisseur. Celui-ci se met en fureur
contre celle qui voulait le délivrer des

portes de l'enfer ; et la menace de la
tuer si elle ne se retire au plus tôt. Marie - Anne , qui ne s'effraie de rien, per-
siste avec un généreux courage; le li-
bertin au désespoir , devenu plus furieux, tire son épée pour la percer, voulant
ainsi lui donner une mort cruelle en ré-
compense de la vie qu'elle voulait lui procurer. Marie-Anne, sans s'effrayer d'un
péril si imminent, regardant au contraire
ce genre de mort comme une couronne
glorieuse qu'elle souhaitait avec ardeur ,
se jette à genoux dans le moment avec
une surprenante tranquillité et une admirable possession d'elle-même , afin de recevoir avec plus de respect, dans cette
posture humiliante, le coup de la mort ,
qui l'aurait fait vivre éternellement ,
réunie inséparablement, et pour toujours , à son céleste époux, pour l'honneur duquel elle venait d'exposer sa vie
avec tant de courage, trop contente de
répandre jusqu'à la dernière goutte de
son sang pour devenir la victime et la
martyre de la chasteté : tant elle était
persuadée qu'il n'y a que des couronnes
immortelles à gagner, quand on brave

généreusement la mort, pour soutenir l'honneur de la pureté en soi-même et dans autrui.

Le furieux n'osa frapper ; il respecta la pureté dans sa propre ennemie, quoiqu'il fût un impudique. Effrayé lui-même de voir une jeune fille tranquille qui, prosternée à ses pieds, ou pour mieux dire à ceux de Dieu, qui ne s'effrayait pas à la vue d'une épée prête à l'égorger, il devint immobile, s'adoucit, se laissa enlever sa proie, fit des excuses, se retira, et laissa à Marie-Anne le champ de bataille. Elle en prit possession comme une victorieuse qui l'avait gagné au péril de sa vie, et qui, sans s'applaudir d'une victoire digne des martyrs des premiers siècles, capable d'attirer les louanges et les admirations de toute la cour céleste, et les complaisances de Jésus-Christ même, en rendit gloire à Dieu seul qui lui avait donné la force de vaincre, et avait combattu en elle comme il a combattu dans les martyrs. Elle ne resta dans ce lieu de triomphe, qui lui appartenait par le droit de cette victoire signalée, que pour faire une forte remon-

trance à la demoiselle trop facile, et trop
peu circonspecte sur l'article délicat de la
pudeur, en l'exhortant à fermer dorénavant, avec plus de soin, les portes de sa
maison et celles de son cœur à ceux qui
la pouvaient corrompre.

Il serait difficile d'expliquer et l'ardeur
de son zèle et les glorieux succès dont il
a été couronné. Un jeune homme, âgé
d'environ vingt ans, sans éducation et
sans religion, et qui, par un excès de libertinage en fait de mœurs et de christianisme, ne s'était jamais approché
ni du tribunal de la pénitence, ni par
conséquent du sacrement adorable de
l'eucharistie, fut sollicité souvent par
notre jeune Marie-Anne de s'acquitter de
ces devoirs indispensables pour un chrétien, à moins qu'il n'ait entièrement renoncé à sa religion. Elle eût beau le poursuivre et l'exhorter le plus souvent qu'elle
le pouvait, il avait bouché ses oreilles
pour ne point entendre les paroles de vie
de cette zélée servante de Dieu : mais il
s'en fallut peu qu'il ne devînt la malheureuse victime des divines vengeances ; et

s'il a évité l'enfer, il doit son salut éternel, après Dieu, à cette sainte fille.

En effet, il eut le malheur de tomber du haut d'un grand arbre, et se brisa tout le corps. On le crut mort; à peine s'apercevait-on qu'il respirait, et comme on savait la vie libertine qu'il avait menée, on déplorait déjà la perte éternelle de son âme. On fit venir un confesseur qui n'en put tirer ni aucune parole, ni aucun signe de douleur. Dans ce terrible moment où il allait répondre au tribunal redoutable de la justice de Dieu, et recevoir, selon toutes les apparences, un arrêt de mort éternelle, comme ce pécheur mobriond le méritait, on entendit parmi les voix confuses de ceux qui étaient accourus à ce triste spectacle; il faut aller chercher Marie-Anne des Quatre-Vents, car c'est ainsi qu'on l'appelait dans le monde avant qu'elle se fût consacrée à Dieu dans la religion. On envisageait en effet la présence de cette fille apostolique, comme une dernière ressource au salut de ce pécheur expirant; elle y court avec cette ardeur qui lui était ordinaire, quand

il s'agissait du salut des âmes rachetées
du sang de Jésus-Christ. Elle parle à ce
moribond, elle élève la voix avec cette
force, cette onction et cette vivacité dont
elle savait accompagner sa parole dans
ces sortes d'occasions. Sa voix devient
l'organe de celle de Dieu, qui est une voix
de force qui brise les cèdres et ébranle
les déserts; cette voix se fait entendre
des oreilles et du cœur du moribond; il
entend cette voix amie qui l'avait tant de
fois exhorté à se rendre à celle de Dieu
et de son devoir; il ouvre les yeux du
corps en même tems que ceux de l'âme, il
commence par faire signe qu'il veut se
confesser, ensuite il parle. Marie-Anne
redouble de zèle, l'exhorte, le presse,
l'instruit, l'examine, lui fait produire des
actes de contrition, le prépare à la mort;
il se confesse et meurt, après avoir donné
des marques d'une vraie douleur de ses
péchés.

Dès que notre jeune Marie-Anne ne
trouvait plus d'occasion d'exercer son
zèle envers les pécheurs et les pécheres-
ses, elle rentrait dans la maison de ses
père et mère, d'où elle ne sortait jamais

sans une nécessité pressante. Elle savait
parfaitement unir les emplois de Marthe
et de Marie ; elle ménageait avec beaucoup de règle et de sagesse le tems qu'elle
devait donner au travail et celui qui était
consacré à la lecture, à la prière, à l'oraison, aux exercices de la vie intérieure
et à la fréquentation des églises, sans que
l'une de ces occupations diminuât en rien
ce qu'elle devait à l'autre.

Ne vous formez pas ici l'idée d'une charité et d'une dévotion tranquille et oisive
qui néglige le travail manuel auquel on
est obligé, sous le prétexte spécieux d'une
piété stérile qui règle sa condition par sa
dévotion, et qui passe la moitié de son
tems à s'ennuyer pieusement aux pieds
des autels, ou de son oratoire, à réciter
scrupuleusement un nombre accablant de
prières vocales, le plus souvent sans attention pendant qu'on néglige les travaux
attachés à son état.

Notre sainte fille ne donna ni dans l'un
ni dans l'autre de ces écueils, si ordinaires aux dévotes du tems. Dès qu'elle
fut sortie de l'enfance et se sentit assez
forte pour soutenir le travail manuel, elle

comprit qu'elle y était engagée pour con-
courir à sa subsistance et à celle de sa fa-
mille ; et pour ne pas manger son pain
sans l'avoir gagné à la sueur de son front,
elle entra de bonne heure dans une vie
laborieuse et pénible ; toujours ardente
au service de son père et de sa mère, à
l'égard desquels elle remplissait avec plaisir tous les devoirs d'une humble servante.

Dès la pointe du jour, après un léger
sommeil, elle se prosternait humblement
pour adorer la souveraine majesté de
Dieu, et pour lui offrir son cœur et son
travail ; elle se trouvait ponctuellement à
la première messe qu'elle entendait avec
une ferveur angélique, pour retourner au
travail le reste de la journée, sans que
rien l'en pût détourner, et sans qu'elle
perdît un moment de son tems.

Les soins du ménage et le travail le plus
fort l'occupaient de manière que son âme
n'y perdait rien pour l'étude continuelle
qu'elle se faisait de la divine présence, et
par la fidélité qu'elle avait à pousser incessamment, du fond de son cœur, quelques oraisons jaculatoires dont elle s'é-

-tait fait une loi et une pratique familière. Comme elle n'était jamais oisive, elle prenait, à l'exemple la femme forte, ou l'aiguille ou le fuseau pour se délasser des autres travaux pénibles, sans cesser cependant de travailler.

Mais, dans ces sortes d'occupations qui n'étaient pas si fatigantes, elle avait toujours un livre ouvert devant les yeux, pour s'occuper plus facilement de la divine présence, et pour fixer et son esprit et son imagination contre les égaremens ordinaires à la créature mortelle : ce qu'elle faisait même pendant ses repas, procurant ainsi la nourriture spirituelle à son âme, pendant que la pure nécessité l'engageait de nourrir son corps. C'est ainsi qu'en usent ces âmes choisies et appliquées à rendre à Dieu ce qu'elles lui doivent, qui comprennent le prix inestimable du tems qui leur a été acheté au prix du sang de Jésus-Christ, et qui veulent avancer à pas de géant dans la perfection et la piété chrétienne.

- Les fêtes et les dimanches étaient, pour cette sainte fille, des jours de délices et de plaisir, parce qu'elle les faisait consis-

ter dans la dévotion et les œuvres de
piété, auxquelles elle pouvait donner
plus de tems que dans le reste de la semaine où il fallait, par devoir, par obéissance et nécessité, s'occuper au travail manuel. Après s'être acquittée des
devoirs essentiels de ces saints jours consacrés au service de Dieu, auquel elle
employait la meilleure partie de la journée, et assemblait les filles de sa condition, elle leur faisait une sainte lecture
sur l'évangile ou la fête du jour ; elle
chantait avec elles des cantiques de dévotion, en quoi elle réussissait parfaitement
parce qu'elle avait une belle voix ; elle
leur parlait de Dieu avec une onction surprenante, elle leur inspirait la dévotion
d'avoir chez elles des oratoires propres
et bien parés ; elle leur apprenait à les orner avec adresse ; elle y priait, elle y
chantait les louanges de Dieu avec elles ;
elles substituait ainsi les saints entretiens
et le chant des psaumes et des cantiques
aux récréations puériles des filles de son
âge, récréations qui ne sont pas toujours innocentes, puisqu'il s'y glisse souvent des paroles libres et des chansons

où la pureté et la modestie sont offensées. Son air enjoué et son humeur agréable attiraient tellement ses compagnes, qu'elles renonçaient sans répugnance à toutes les autres parties de plaisir, pourvu qu'elles eussent Marie-Anne en leur compagnie. C'est ainsi qu'elle trouvait le secret de porter agréablement tout le monde à Dieu, dans les récréations mêmes.

Il est étonnant que, dans un âge si peu avancé, elle fût déjà si savante dans la vie intérieure; le Saint-Esprit, qui seul avait été son maître, l'en avait instruite; et elle fut si docile et si fidèle à toutes les pratiques de piété, qu'elle y avait fait de grands progrès pour une fille qui vivait encore dans le monde et les embarras d'un travail pénible et continuel; c'est ainsi que, lorsqu'on est recueilli et qu'on écoute Dieu, on se prête seulement aux emplois extérieurs pendant que l'âme se livre tout entière à la vie de l'esprit; de sorte qu'il n'est point de travail, point de fatigue qui soit capable d'ôter ni le goût de Dieu, ni l'attention à ses devoirs.

Elle faisait oraison comme les personnes les plus avancées dans cette sainte pratique, et y trouvait ses délices. Elle entendait la sainte messe, en suivant intérieurement l'ordre des mystères avec une attention angélique. Elle avait un si profond respect pour cet auguste sacrifice, qui est une mémoire et un renouvellement de celui de la passion et de la mort de Jésus-Christ, que si elle avait été sa maîtresse, elle aurait couru à toutes celles qu'elle entendait sonner ; mais n'y pouvant assister de corps, elle s'y rendait en esprit ; et, quoiqu'absente, elle s'unissait au prêtre qui célébrait, et aux assistans qui l'entendaient.

Elle avait une dévotion tendre, ardente etréglée envers la mère de Dieu ; c'était un de ses plus forts attraits, et elle regardait cette dévotion comme le caractère de la prédestination: Elle respectait ses images, implorait son secours, chantait ses louanges avec un singulier plaisir, et pratiquait ses vertus, qui sont l'humilité et la pureté. Elle s'efforçait de l'inspirer aux autres, et de leur faire comprendre que cette dévotion ne consiste pas à réciter son chapelet sans attention, mais à la prier

2*

avec ardeur, à l'aimer, à la respecter,
et surtout à l'imiter.

La participation au sacrement adorable de l'eucharistie faisait déjà ses plus
chères délices ; c'est dans la communion où elle recevait les plus tendres faveurs de son céleste époux : comme tous
ses désirs actuels et habituels avaient
ce divin sacrement pour objet, et qu'elle
avait soin d'y rapporter toutes ses pensées, toutes ses vues et toutes ses actions,
on peut dire qu'elle y était toujours pré-
parée, et, par conséquent, qu'elle était
toujours digne de s'en approcher, autant
qu'une créature mortelle peut en être capable.

Lorsque le jour et le tems de la sainte
communion approchaient, ses désirs et
ses empressemens augmentaient, et ses
ardeurs éprouvaient de nouveaux accroissemens et de nouvelles flammes.
Elle pouvait à peine contenir ses transports de joie. Sa ferveur, jointe à l'innocence de sa vie, engagea ses confesseurs
à lui permettre de s'approcher de ce divin sacrement, beaucoup plus souvent
qu'on ne le permet ordinairement aux

personnes de son âge et de sa condition ; et si elle s'en approchait toujours avec les empressemens d'une véritable amante de Jésus- - Christ, elle en sortait toujours embrâsée d'amour comme un séraphin.

Cependant, comme elle était une âme choisie et une épouse chérie de Dieu qui la destinait au sanctuaire de la religion pour en faire et l'honneur et l'ornement par ses vertus, il fallait que, selon sa divine parole, elle passât de bonne heure par le feu de la tribulation et par les plus rigoureuses épreuves, et qu'elle les soutînt avec courage et persévérance pour mériter d'autant plus dignement les graces particulières dont son époux céleste voulait l'honorer dans la suite : aussi fut-elle éprouvée très-rigoureusement dès sa plus tendre jeunesse. On peut dire même que, dans tout le cours de sa vie, elle a été continuellement attachée à la croix; mais on peut ajouter qu'elle l'a toujours aimée, et portée avec tant de constance et de générosité, qu'au milieu des plus rudes afflictions, elle n'a jamais perdu la paix de son âme.

Son propre père fut l'instrument dont
Dieu se servit pour l'éprouver et la
faire souffrir dès son jeune âge, et le
Seigneur le permit ainsi, quoique d'ailleurs il fùt homme de bien et très-exact
à tous ses devoirs de christianisme. Les
chagrins, les mépris et les persécutions
que nous endurons de la part des personnes que nous chérissons, et que la grâce
et la nature même nous engagent à aimer
et honorer, nous sont beaucoup plus
sensibles que toutes les autres disgrâces
que nous causent des étrangers ; et il
faut une force et une grâce extraordinaire pour les supporter avec patience,
sans jamais s'échapper en plaintes et en
murmures ; et quand les chagrins sont
domestiques et continuels, il faut avoir
une vertu héroïque et du premier ordre
pour ne pas s'y laisser abattre.

Marie-Anne s'aperçut de bonne heure
que son père ne l'aimait pas, et que son
cœur n'était pas à son égard un cœur de
père, mais qu'au contraire il se refroidis-
sait de plus en plus pour elle, sans qu'elle
y donnât la moindre occasion. Elle le
sentit d'autant plus vivement qu'elle avait

une vraie tendresse pour lui ; elle en
gémit amèrement, et ne s'en plaignit
qu'à Dieu seul, gardant à cet égard un
rigoureux silence qu'elle s'était imposé
par vertu et par devoir. Il la chagrinait
continuellement, tantôt sur les aumônes
qu'elle faisait aux pauvres, qui lui paraissaient excessives, vû la médiocrité
de sa condition, quoiqu'il sût d'ailleurs
que la charité industrielle de sa fille trouvait le secret de demander pour donner ;
tantôt sur les soins qu'elle prenait des
malades et les visites de charité qu'elle
leur rendait ; tantôt sur ses entretiens de
piété et de dévotion, parce qu'elle parlait
toujours de Dieu ; tantôt sur sa dévotion,
quoiqu'il n'y eût rien de plus réglé ; enfin,
sur tous ces points, il lui disait des duretés qu'elle ne s'était point attirées :
mais Dieu le permettait pour l'éprouver et la purifier comme l'or dans la
fournaise ; et elle avait beau mettre en
usage tout ce que la douceur, la tendresse
et son humeur gaie et enjouée pouvaient
inspirer de plus caressant pour son père ; rien n'était capable de le toucher et

le rapprocher son cœur d'un fille si sainte
et si aimable.

Marie-Anne ne laissa pas pour cela de
regarder et respecter Dieu dans la personne de son père, et de mettre à profit
pour le ciel toutes ses duretés et ses paroles désobligeantes. Elle possédait son
âme en patience, quoique ce fût pour elle
une matière continuelle de sacrifices, et
il ne lui échappa jamais aucune dé-
sobéissance, aucune impatience, aucun murmure, aucune répartie qui ne
marquât également son respect et son
tendre attachement. Il fallait donc une action d'éclat et un prodige extraordinaire pour ouvrir les yeux à ce père, et
changer son cœur à l'égard de sa fille ;
aussi Dieu permit qu'il arrivât bientôt : en
voici l'occasion. Ce père qui était, comme
nous l'avons dit, boulanger de son métier,
avait porté une grande quantité de braise
à son grenier ; il crut l'avoir entièrement
éteinte, et il se retira sans plus y penser ;
mais insensiblement, et quelques heures
après, le charbon se ralluma, et se com-
muniquant à toute la masse, qui était

considérable, il se forma un brasier si ardent, qu'en peu de tems le grenier fut
envahi par le feu, qui prit aussitôt à la
poutre, aux chevrons, à la couverture,
et qui menaçait la maison d'un embrâ-
sement universel.

Marie-Anne, qui s'en aperçut la première, invoqua dans l'instant la Sainte-
Vierge, qui était son refuge ordinaire
dans toute ses disgrâces, et en qui elle
avait, dès son enfance, une tendre confiance et une singulière dévotion. Si elle
sentit de la frayeur dans un accident qui
ne manque jamais d'en causer aux hommes les plus courageux et les plus intré-
pides, elle se calma bientôt pour mieux
opposer l'ardeur de ses prières à celle du
feu matériel ; elle sentit dans l'instant une
forte inspiration de courir à son oratoire,
et d'y prendre l'image de la Sainte-Vierge,
devant laquelle elle se prosternait plusieurs fois tous les jours, pour l'opposer
au feu qui faisait déjà de terribles progrès.
Elle prend cette chère image, animée
d'une confiance admirable et d'une foi
vive ; et sans craindre ni l'épaisseur de
la fumée qui devait la suffoquer, ni l'ac-

tivité des flammes dont elle était environnée de toutes parts, et dont elle devait
être dévorée sans une protection spéciale
de Dieu et de sa divine mère, elle monte
hardiment sur le toît de la maison; elle
place son image sur les tuiles comme une
forte barrière à l'incendie ; elle invoque
la Sainte-Vierge par une prière courte et
toute de feu; et comme si la foi ardente
dont elle était animée l'eût rendue sûre
du succès, elle abandonne tout à la divine
Providence et à la protection de Marie.
Marie-Anne ne fut point trompée dans
son espérance, car dans le moment les
flammes s'arrêtèrent, le feu s'éteignit, la
fumée se dissipa, et les voisins qui y ac-
coururent pour apporter de l'eau, s'en
retournèrent en glorifiant le Seigneur ,
et publiant les louanges de Marie-Anne.
Elle rapporte son image en triomphe à
son oratoire où elle se prosterne pour re-
mercier Jésus-Christ et sa divine mère.
C'est ainsi que la voix de Dieu qui , selon
l'expression du prophète , coupe les flammes du feu, opéra ce prodige étonnant,
et que le Seigneur écouta la foi vive et la
prière ardente de cette jeune fille qui avait

si utilement employé le crédit et l'image
de la très-Sainte Vierge.

Après cet événement si prodigieux, son
père qui n'avait pas eu jusqu'alors pour
une si digne fille, toute la considération
qu'elle méritait, changea de sentiment,
de langage et de manières ; il l'aima tendrement comme sa fille, la respecta
comme une sainte ; et cette action seule
justifia, dans son esprit et dans son cœur,
toutes ses dévotions qui n'avaient pas été
de son goût ; il se confessait redevable,
après Dieu et la Sainte Vierge, à la piété
de sa fille Marie-Anne, de la conservation
de sa maison, de son bien et de sa propre
vie ; il ne la contraignit plus dans ses dévotions, persuadé qu'il ne risquait rien
en lui donnant une entière liberté dont
elle était incapable de faire un mauvais
usage.

Abandonnée à elle-même et à la conduite de Dieu et de son directeur, elle
suivit tête levée son attrait pour la dévotion ; elle satisfit à son aise le zèle ardent qu'elle avait pour son salut et celui
du prochain, sans que personne s'y op-
posât, parce que son propre père, de qui

elle dépendait , s'était rangé de son parti ,
et que Dieu lui avait changé le cœur en
sa faveur. Et comme elle était persuadée
que l'esprit de pénitence est l'âme de la
dévotion, elle l'entreprit avec une rigueur
extrême afin de se mieux préparer à en
soutenir les pratiques les plus religieuses,
quand elle serait admise dans le monastère de Saint - Nicolas, au nombre des
épouses de Jésus-Christ, ce qu'elle avait
toujours eu en vue, et ce qu'elle demandait toujours à Dieu avec toute l'ardeur
dont elle était capable. Elle prévint, plusieurs années , le tems auquel l'Église
oblige les fidèles à jeûner , et elle les pratiquait avec une exactitude et une rigueur excessives ; elle ne chercha point
de prétexte pour s'en dispenser ni pour
les adoucir, à cause de son âge, de sa
délicatesse , et du rude travail auquel
elle était obligée par sa condition ; et elle
remplissait l'un et l'autre de ses devoirs,
souvent incompatibles, je veux dire le
jeûne et le travail, avec une ardeur et
une gaîté surprenantes , sans jamais se
relâcher.

Marie-Anne ne voulant rien omettre de

toutes les pratiques les plus sévères qui
composent la pénitence, ajoutait aux jeû-
nes les veilles fréquentes, et elle faisait
consister ses délices à passer les nuits en
prières ; elle se relevait comme le prophète
au milieu de la nuit pour louer le Seigneur.
Le silence auquel ce tems est destiné, lui
paraissait bien plus propre à prier sans
être distraite par les créatures qui se reposent alors du travail de la journée.

Non contente de vivre de la vie de l'esprit,
et de consacrer la meilleure partie des jours
et des nuits à l'oraison et à la prière, elle
voulait encore, suivant le conseil du
grand apôtre, porter la mortification de
Jésus-Christ, afin que la vie de cet adorable Sauveur fût manifestée dans toute
sa personne, pour faire de ce corps une
hostie vivante, sainte et immaculée, et
pour le conserver dans une pureté parfaite aux yeux de son céleste époux, qui
est la pureté même et l'auteur de toute
pureté.

Elle entra avec tant d'ardeur dans la
carrière de la pénitence dès l'âge de
quinze ans, et ses austérités étaient si ou-
trées et si repoussantes par la sensualité,

qu'elles l'auraient bientôt réduite au tombeau, si son sage directeur ne les eût adoucies; elle réduisait son corps en servitude, elle le traitait comme un esclave, et non contente de le priver de tout ce qui pouvait le flatter, soit du côté du sommeil, soit du côté de la nourriture, elle l'assommait et le déchirait de coups de discipline, en le mettant en sang comme celui d'un scélérat échappé de la torture. Ses disciplines étaient de fer, toutes garnies de pointes de même métal, et terminées par des rosettes ou des molettes d'éperon qui la mettaient toute en sang.

Après que cette innocente victime et cette impitoyable ennemie d'elle-même s'était ainsi ensanglantée, pour apaiser la justice de Dieu, qu'elle s'imaginait avoir irritée à l'excès, elle mettait une rude ceinture toute remplie de pointes de fer, et sur sa chair, dans cet état, elle portait un corset de crin, les manches et la juppe de même. Voilà la délicatesse, les adoucissemens et les remèdes qu'elle fournissait à sa chair, après qu'elle l'avait déchirée de coups.

. Cependant Marie-Anne, dans cet équi-

page affreux, travaillait à son ordinaire,
assez contente d'elle-même quand rien ne
paraissait aux yeux des hommes, parce
qu'elle ne cherchait que ceux de Dieu
seul. Chargée et accablée de ces terribles
instrumens de pénitence, dont la vue seule
ferait horreur aux délicats du siècle, elle
allait faire moudre son blé au moulin ; les
pointes de sa ceinture et de son rude ci-
lice qui se faisaient sentir vivement à chaque pas qu'elle faisait, ne l'empêchaient
pas de chanter en chemin des psaumes et
des cantiques avec une joie et une gaîté
surprenantes ; le tems qu'il fallait passer
à ce moulin, elle l'employait ou à lire ou
à prier, afin d'éviter les entretiens inu-
tiles, médisans ou licencieux auxquels
elle savait prudemment se soustraire; elle
revenait, les mêmes cantiques à la bouche
et la même joie au cœur, et à peine était-
elle arrivée, qu'elle recommençait un autre
travail avec la même égalité d'humeur ;
et ces pratiques sont d'autant plus éton-
nantes et plus louables, qu'elles se trouvaient dans une jeune personne séculière
et fille d'un artisan ; ce qui nous fait bien
connaître que Dieu verse ses grâces en

abondance sur toutes sortes d'états, quand
on est fidèle à .y répondre, et qu'il n'y a
point de condition où l'on ne puisse pratiquer la vraie dévotion et vivre de la vie
de l'esprit.

Comme elle espérait toujours être consacrée dans la maison de Dieu, et en qualité d'hospitalière et de servante des pauvres, qualité qu'elle aurait préférée à
toutes les couronnes de la terre, elle voulut en faire l'apprentissage pendant qu'elle
était encore dans le siècle. Cette charité,
en effet, a été l'attrait dominant de toute
sa vie, et jamais personne ne l'a pratiquée
avec plus d'ardeur et de fidélité : la miséricorde a pris naissance avec elle, et elle
s'est accrue à mesure qu'elle croissait elle-
même : dès son enfance, elle savait se priver de toutes les petites douceurs qu'on
lui donnait ; elle les conservait avec soin
pour les porter successivement aux pauvres malades ; mais dès que son père lui
eut donné la liberté entière de secourir
les pauvres, elle ne mit point de bornes à
sa charité ; de sorte qu'elle pouvait dire
avec l'apôtre : la charité de Jésus-Christ
me presse.

Elle leur portait avec abondance tout
ce qu'elle pouvait obtenir des personnes qui l'aimaient et la considé-
raient, et qui lui donnaient d'autant
plus volontiers qu'ils savaient le saint
usage qu'elle faisait de leurs présens, et
que donner à Marie-Anne c'était donner
aux pauvres et à Jésus-Christ même. Elle
était insinuante, adroite et éloquente à
demander pour les malheureux; il semblait que la miséricorde passât par sa
bouche, et elle épousait tellement les
maux et les misères que les pauvres en-
duraient, qu'ils étaient tous contagieux à
son bon cœur, ce qui lui faisait demander
les secours qu'elle souhaitait avec beaucoup plus d'ardeur et d'importunité que
si elle les avait demandés pour elle-même.

Elle n'était chagrine que lorsqu'elle ne
pouvait, par ses sollicitations, ni désarmer l'avarice, ni amollir le cœur des personnes à qui elle s'adressait pour l'aider
à secourir les pauvres malades; alors,
après avoir gémi devant Dieu, son indus-
trieuse charité trouvait le moyen d'y sup-
pléer aux dépens de son sommeil et de sa
propre nourriture; elle portait aux ma-

lades son dîner et son souper, et se contentait pour elle de pain et d'eau, se privant ainsi du nécessaire pour nourrir les pauvres membres de Jésus-Christ. Il y a plusieurs filles mondaines, disait cette sainte fille, qui font jeûner le corps pour orner le corps, et qui lui restituent en parure ce qu'elles dérobent à leur juste soutien ; faible dédommagement, dureté sans mérite, ou plutôt criminelle, puisqu'elle soutient l'idole du luxe et de la vanité ; il est juste que je fasse jeûner mon corps pour soutenir les membres mystiques de Jésus-Christ. Si ce ne sont pas ses paroles à la lettre, ce sont ses vrais sentimens, et à peu près ses expressions, tant elle était persuadée que cet adorable Sauveur, pour l'amour duquel elle se privait ainsi de sa propre nourriture, ne la laisserait pas périr, et qu'il saurait bien restituer à son âme avec abondance ce qu'elle ôtait à son corps par ce pieux exercice de charité.

Quand ses petits fonds étaient épuisés, ce qui lui arrivait souvent, elle travaillait de ses mains, elle passait même les nuits à ce charitable exercice, qui lui était plus

délicieux que le plus doux sommeil par
la destination qu'elle faisait de ses petits
ouvrages, car ensuite elle les vendait, et
elle en portait aussitôt l'argent aux pauvres.

Entre ses pauvres, ceux que la maladie mettait hors d'état de gagner leur vie,
étaient les objets de sa prédilection, de
ses plus tendres charités et de ses soins
les plus empressés. Non contente de tous
les secours temporels qu'elle s'efforçait
de leur procurer, elle ne négligeait rien
pour assister leurs âmes, soit par ses discours pleins de feu et de consolations,
soit en leur procurant de fréquentes visites de saints ecclésiastiques pour les
aider à porter leurs maux en patience;
soit pour les exhorter à se sanctifier dans
leurs souffrances et dans leur pauvreté,
et pour les disposer à une bonne confes-
sion, priant elle-même, tantôt pour leur
guérison corporelle, tantôt pour leur sanctification, et tantôt pour leur obtenir une
mort chrétienne, quand il n'y avait plus
d'espérance de guérison.

Ce fruit était mûr pour le sanctuaire
auquel le Seigneur l'avait destiné. Le

monde devenait de plus en plus insupportable à Marie-Anne, qui, semblable à la
chaste colombe des cantiques, écoutait la
voix de son époux qui l'appelait aux trous
de la pierre, c'est-à-dire, dans la retraite
et dans la solitude de la religion, pour
parler plus familièrement à son cœur. Il
y avait même long-tems qu'elle avait confié son dessein à une pieuse converse de
la maison de Saint - Nicolas, nommée
sœur de Sainte Monique, qu'elle voyait
souvent, et qui l'entretenait dans l'esprit
de sa vocation, et il est difficile de s'imaginer combien de vœux, de prières, de
communions, de pèlerinages et de mortifications elle fit pour obtenir cette grâce
de la bonté de Dieu, qu'elle regardait
comme la plus grande de toutes les grâces après celle de la vocation au christianisme.

Le démon qui prévoyait bien que cette
redoutable ennemie lui enlèverait une infinité d'âmes qu'il avait séduites ou qu'il
avait dessein de séduire, si elle avait une
fois la place dans l'Hôtel-Dieu, soit en
touchant le cœur des libertins pour les
convertir à Dieu par ses discours pleins

d'une onction céleste, soit en leur procurant une bonne mort, mit tout en usage
pour la détourner de ce dessein si généreux, soit par les combats intérieurs qu'il
lui livrait sans cesse, soit par les occasions d'établissemens avantageux dans le
monde qu'il fit naître ; mais Marie-Anne
soutint ces combats sans s'abattre, et re-
garda les établissemens séculiers avec
horreur , parce qu'elle conservait son
cœur à Jésus-Christ, à qui seul elle l'a-
vait déjà mille fois consacré par avance.

Le démon qui ne se rebute jamais
quand il veut séduire une âme, surtout
dans le tems où il est question de se décider sur sa vocation et de se donner à
Dieu , lui tendit un autre piége plus délicat et plus flatteur : elle fut demandée
par plusieurs maisons religieuses pour
être fille du chœur, quoiqu'elle fût destituée
de ces biens temporels qui seuls , le plus
souvent, en fournissent tous les moyens
et en donnent toute la vocation. On la
souhaitait avec ardeur, tant à cause de la
réputation que sa vertu lui avait acquise,
que parce qu'elle était avantagée d'une
belle voix qui pouvait faire l'ornement

et le soutien d'un chœur de religieuses.

Il suffisait à cet esprit de ténèbres que
Marie-Anne, qu'il n'avait pu retenir dans
le monde, quittât le dessein qu'elle avait
formé d'être consacrée à servir les pauvres, et qu'elle sortît ainsi de son attrait;
mais elle n'eut garde de donner dans ce
piége si finement tendu, et qui aurait
ébloui et séduit beaucoup d'autres filles
de sa condition. Ainsi on peut dire que si
elle a été sœur converse et humble servante des pauvres, elle l'a été de son
choix, et parce qu'elle a voulu l'être.
Pour répondre fidèlement à ses attraits et
à sa grâce, elle a choisi volontairement
d'être abjecte dans la maison de son Dieu,
plutôt que d'y vivre dans une condition
plus relevée: parfaite imitation de son divin rédempteur qui a choisi l'abjection
plutôt que la gloire temporelle, et qui a
protesté qu'il était moins venu pour être
servi que pour servir lui-même.

Cependant le talent de la voix qu'elle possédait ne lui fut pas inutile pour le dessein
qu'elle avait, et que Dieu lui avait inspiré;
il fut même l'occasion de son entrée dans
la maison de Saint-Nicolas, parce qu'il fit

connaître à madame de La Mothe, digne
prieure de cette maison royale, et à toutes
les dames religieuses, le mérite extraordinaire de Marie-Anne ; moyen dont la
Providence se servit pour la faire recevoir, contre toute apparence, dans la
maison de Saint-Nicolas, où elle l'avait
destinée de toute éternité.

Une religieuse du chœur, destinée à
chanter quelques leçons de ténèbres, tomba malade et ne put s'acquitter de cet
emploi. On crut que Marie-Anne, quoique
séculière, pouvait s'en acquitter et remplir dignement cette place, et on ne se
trompait pas ; elle apprit la leçon en très-
peu de tems, et sa belle voix charma
toutes les personnes qui l'entendirent et
dedans et dehors. Ce petit service qu'elle
rendit lui donna occasion de passer toute
la semaine de Pâques dans la maison de
Saint-Nicolas, où Dieu lui avait marqué
sa place pendant toute sa vie, et d'y faire
connaître, et sa rare piété, et son ardeur, et ses autres talens : elle, de son
côté, ne manqua pas de prendre ce tems
si favorable pour faire ses demandes avec
toutes les instances et tout le zèle qu'on

peut s'imaginer dans une jeune épouse de
Jésus-Christ, que la charité presse, et
qui n'aspire qu'après le bonheur de lui
être consacrée ; la douceur et le mérite
parlaient pour elle , la vertu et la piété
lui attiraient tous les cœurs. Plusieurs
dames s'intéressèrent pour elle ; madame
la Prieure l'écouta favorablement ; elle
lui fit espérer cette grâce ; enfin , au bout
de six mois , et à l'âge de vingt ans , elle
fut reçue avec tout l'applaudissement pos-
sible pour faire d'abord la première année d'épreuve en habit séculier , avec
une compagne qu'on avait reçue avec
elle ; mais , Seigneur, quelle épreuve et
quelle rigoureuse tempête Marie - Anne
va-t-elle essuyer avant que d'arriver au
port désiré de sa profession religieuse !

Comme il y avait alors peu de sœurs
converses dans la maison de Saint-Nicolas , l'hôpital était desservi par de vieil-
les servantes gagées pour ces emplois ,
qui regardèrent ces deux nouvelles ve-
nues comme leurs ennemies , parce qu'elles croyaient qu'elles les allaient sup-
planter , et qu'elles éclaireraient de trop
près leurs actions , ou qu'enfin leur con-

duite sainte et édifiante serait une condamnation trop éclatante de la leur.

Il y a, en effet, bien de la différence entre des postulantes pieuses, ferventes et désintéressées qui servent par amour et sans espérance d'autre salaire que celui d'avoir l'honneur de servir Jésus-Christ dans ses membres, pour mériter le royaume céleste qui leur est promis, et des servantes mercenaires qui n'envisagent pour l'ordinaire que les gages attachés à leur service, et qui n'ont que ce motif grossier en vue dans ce qu'elles font pour les pauvres.

Nos deux postulantes en étaient maltraitées tous les jours et à tout moment, et ces âmes serviles se seraient estimées heureuses si elles avaient pu, par leurs mauvais traitemens, décourager les deux postulantes et leur faire perdre leur vocation pour ne les plus avoir pour compagnes dans le service des pauvres. Mais nos deux saintes filles, quoique placées comme deux lis entre les épines qui les déchiraient incessamment, ne s'en vengeaient que par la douce odeur de leurs vertus dont elles les embaumaient; elles

payaient, selon le conseil de Saint-Paul,
les malédictions par les bénédictions, ne
répondaient à leurs insultes qu'à force de
leur faire du bien. L'humilité, la patience,
et la douceur étaient leur partage ; et c'est
ainsi que, selon l'oracle de Jesus-Christ,
elles possédaient leur âme en paix, sans jamais s'échapper ni en plaintes, ni en murmures, quand elles se permettaient de faux
rapports contre elles et qu'on leur en faisait ou la correction ou la réprimande,
un silence modeste faisait toute leur dé-
fense : c'est ainsi qu'elles surmontaient le
mal par le bien.

Celles d'entre les servantes à qui on
avait confié le soin du pain et du vin pour
les malades et pour leurs hospitaliers,
leur en refusait avec dureté, mais dans
cette privation de l'aliment le plus nécessaire à la vie, leur pain le plus délicieux
était de faire la volonté du père céleste
qui les voulait dans la souffrance, pour
mieux ressembler à l'image de son fils
adorable qu'elles avaient toujours devant
les yeux comme leur divin modèle.

Après que nos zélées postulantes avaient
passé des jours et des nuits tout entiè-

res dans les travaux les plus pénibles de
l'hôpital, et que, dans leurs besoins les
plus pressans, elles demandaient à cette
servante le pain qui leur était nécessaire
pour réparer leurs forces et les mettre en état de mieux servir les pauvres,
cette dure et injurieuse créature les faisait languir par des refus ou par des dé-
lais, ou en ne leur donnant que ce qu'il
fallait pour ne pas succomber entièrement
au travail. Mais nos généreuses postulantes, qui auraient pu y mettre ordre si
elles en avaient dit un mot à leur maîtresse, s'encourageaient mutuellement à
souffrir ces rigueurs excessives pour l'a-
mour de Dieu, et pour mériter par là la
grâce d'être toute leur vie servantes des
pauvres dans la maison de Dieu; en effet, elles ne se plaignirent jamais, et elles
gardèrent sur l'article un si rigoureux silence, qu'on n'en a rien su qu'après leur
profession.

Enfin, Marie-Anne soutint cette première année d'épreuve avec tant de courage, et elle remplit ses devoirs avec tant
d'exactitude, de fidélité et de ferveur,
que, donnant en toutes choses des mar-

ques d'une vocation certaine, on lui
donna le saint habit de religion.

La première nouvelle qu'on lui en apprit, lui causa une joie excessive dont
Elle eut peine à modérer les transports.
Elle disait avec le prophète : Je me suis
rejouie dans l'heureuse nouvelle qu'on
m'a apprise ; j'entrerai dans la maison de
mon Seigneur et de mon Dieu. Ce saint
habit eut pour elle des charmes ; elle mit
toute sa gloire à être revêtue de cette céleste livrée qui la faisait domestique du
Roi des rois, qui l'enrôlait sous l'étendard
sacré de la croix de son Sauveur qui la
destinait pour être, par état, l'épouse de
Jésus-Christ et l'humble servante de ses
pauvres membres.

Une seule chose semblait diminuer sa
joie dans les prémices de sa consécration,
c'était d'avoir si peu de choses à quitter
pour Dieu ; c'était cependant beaucoup,
puisqu'elle se quittait elle-même, et
qu'elle sacrifiait généreusement et ses désirs, et sa personne, et le peu qu'elle
avait, et tout ce qu'elle était, et tout ce
qu'elle aurait pu être. Elle aurait eu beaucoup plus de plaisir, si sa condition lui

eût fourni les moyens de sacrifier davantage. Ainsi, elle disait à Dieu : Seigneur, si , semblable aux apôtres , je n'ai qu'une barque et des filets à quitter , et même quelque chose de moins, je veux, comme eux, les quitter volontiers en me quittant moi-même , et me sacrifier pour votre amour , au service de ceux qui sont par excellence et vos membres, et vos frères , et me consacrer avec plaisir au service des pauvres malades pendant toute ma vie.

On lui permit de choisir elle-même son nom de religion ; elle prit celui de Sainte-Rose , cette excellente religieuse qui a embaumé tout le nouveau monde par le délicieux parfum de ses vertus , dont l'odeur est venue jusqu'à nous dans ces derniers siècles, pour nous inviter à pratiquer les vertus dont elle a été un si excellent modèle ; et l'on peut dire que jamais religieuse n'a mieux rempli la signification mystérieuse de son nom. Je veux , disait-elle , ressembler à ma sainte Mère ; la reine des anges et la mère de mon Dieu , que j'honore et que j'aime de tout mon cœur. Je sais que l'Eglise l'appelle une

Rose mystique, parce que la rose, par
sa couleur vermeille, est le symbole de
son ardente charité, et que, par l'agréable parfum qu'elle exhale, elle répand
partout la bonne odeur de ses vertus. Je
veux prendre pour second modèle de ma
conduite, l'illustre Rose du Pérou, marcher sur les traces de cette digne épouse
de Jésus-Christ, imiter son admirable pureté, sa charité, son amour et son esprit
d'oraison.

Voilà donc Marie-Anne devenue, par
son saint habit, la sœur de Sainte Rose,
et plantée par la main de Dieu, comme
une nouvelle fleur dans le mystérieux
parterre de Saint-Nicolas, au milieu des
autres fleurs de ce jardin de l'époux des
vierges; elle y sera arrosée de tant de
grâces et de bénédictions, le soleil de
justice dardera sur cette fleur des rayons
et des influences si favorables, qu'elle
croîtra jusqu'à la mort en beauté et en
bonne odeur, qu'elle se répandra dans la
maison, dans toute la ville et dans toute
la province, et peut-être dans tout le
monde.

La sœur de Sainte-Rose, en entrant

dans la maison de Saint-Nicolas , avait
formé le dessein d'être, selon le conseil
de saint Paul , la bonne odeur de Jésus-
Christ par la pratique exacte de toutes
ses vertus chrétiennes et religieuses, et
surtout de la charité, qui la devait premièrement unir à Dieu par l'amour le
plus pur et le plus ardent ; secondement
envers les pauvres par les services laborieux et charitables qu'elle leur rendrait
bientôt en qualité d'hospitalière, dont elle
allait embrasser l'humble et sublime profession par un vœu solennel.

Mais elle ne savait peut-être pas que
son céleste époux, qui est un époux de
sang, et qui a été couronné d'épines et
abreuvé de fiel, avait formé le dessein ,
pour se la rendre plus conforme et la
purifier davantage , de ne la conduire
que par la voie des souffrances, et de la
placer surtout dans son noviciat comme
une rose environnée d'épines. Elle ne
prévoyait peut-être pas que le vent im-
pétueux des persécutions et des peines
intérieures devait incessamment agiter
ces épines dont elle serait entourée de
toutes parts , pour la percer et la dé-

chirer incessamment, sans presque lui
donner de repos. C'est ainsi que Jésus-
Christ en a usé à son égard; mais comme
elle devait marcher sur les traces de
l'épouse des cantiques, il fallait qu'elle
fût traitée comme elle; et cette conduite
de Dieu sur son âme lui a été bien glorieuse, elle l'a purifiée comme l'or dans
la fournaise, et l'a fait parvenir à une
éminente piété.

Il est vrai que, dès le moment que notre sœur de Sainte-Rose fut revêtue du
saint habit de religion, qu'elle avait si
ardemment désiré et baisé mille fois par
respect et par amour dans le tems qu'elle
le reçut, elle parut aussi revêtue de
l'esprit de religion. Il est vrai que cette
fervente novice commençait par où les
âmes les plus parfaites finissent, cou-
rant dès-lors à pas de géant dans les
voies de la perfection la plus éminente où
puisse arriver une religieuse, et une religieuse hospitalière par état. Il est vrai
qu'elle pratique le silence, l'oraison, la
présence de Dieu, la modestie, la mortification, la pénitence, la charité envers
ses sœurs et ses pauvres malades, et

toutes les autres observances du cloître,
comme une religieuse consommée en
âge, en vertu et en expérience.

Cependant, Dieu voulut encore purifier ces vertus par les épreuves les plus
rigoureuses pour se l'attacher par des
liens plus forts, et achever de la détacher
d'elle - même, par les dégoûts, ennuis,
obscurités, abandons intérieurs, séche-
resses, désolations, combats dans son
esprit, dans son cœur, dans son âme et
dans sa chair, tentations furieuses et
continuelles de la part du démon qui ne
lui donna jamais un moment de relâche
dans tout son noviciat; mais à mesure que
les peines croissaient, sa générosité et son
courage augmentaient aussi; elle avait
vu distinctement son étoile qui l'appelait
au sanctuaire de la religion et au service
des pauvres; et quoique cette étoile se fût
cachée et qu'elle fût privée de lumières
sensibles, elle imita les mages qui allaient chercher Jésus-Christ dans la crê-
che; elle ne laissa pas de marcher généreusement dans les routes obscures de la
foi, et, persuadée que cette étoile paraî-
trait bientôt si elle était fidèle à la grâce

dont elle était le symbole, elle agit consé-
quemment à ses premiers sentimens, elle
fit au milieu de ses ténèbres et de ses dé-
laissemens intérieurs tout ce qu'elle aurait fait à la faveur de la lumière la plus
brillante, et dans l'expérience des faveurs
les plus sensibles.

S'imaginer, en effet, que Dieu nous
abandonne, et ne lui manquer jamais de
fidélité; être perpétuellement attaqué ex-
térieurement et intérieurement par ce que
ses tentations ont de plus flatteur et de
plus séduisant, sans se laisser jamais at-
tendrir contre ses devoirs; être continuellement sollicité par ce que les passions
ont de plus agréable, sans se laisser corrompre et sans balancer d'un moment à
se tourner vers Dieu, et par ce que les
souffrances ont de plus désolant, de plus
vif et de plus piquant, sans se laisser jamais abattre et sans se plaindre, voilà le
caractère des grandes âmes, voilà le sublime de la religion : telle fut la conduite
de notre généreuse novice.

Il ne faut pas s'étonner si, après deux
années d'une si rigoureuse épreuve, elle
fut reçue à profession avec un applau-

plaudissement universel de cette sage communauté, qui avait eu tout le tems d'admirer et sa vertu et sa ferveur, et qui comprit assez les avantages qu'elle retirerait dans la suite d'un si excellent sujet, quand il lui serait uni par les liens sacrés et indissolubles de la profession religieuse.

Ce jour heureux arriva le quinzième du mois d'octobre de l'année mil six cent quatre-vingt-deux, et la sœur de Sainte Rose attendant avec une impatience d'amante ce précieux moment qui devait la consoler et l'unir à son céleste époux, s'y prépara avec tous les soins possibles. Elle mit tout en usage pour orner et embellir son âme de toutes les vertus qui pouvaient lui attirer les yeux et le cœur de l'époux des vierges. Cependant les peines intérieures et les tentations redoublèrent à mesure que le jour, l'heure et le moment de son sacrifice approchaient : le démon, qui a toujours été l'ennemi déclaré des vierges qui courent aux noces de l'agneau sans tache, la poursuivit cruellement jusqu'au dernier moment qui

4

précéda celui auquel elle devait prononcer ses vœux, pour mettre obstacle à son
sacrifice. Dieu permit que cette généreuse
victime, qui allait s'immoler, sentît toute
la violence des coups que lui portait son
ennemi ; mais il ne lui échappa jamais aucune faiblesse.

La sœur Sainte Rose qui, ne se confiant
qu'en Dieu seul, se défiait extrêmement
d'elle - même, pria sa mère maîtresse
de ne point l'abandonner, de la lier, pour
ainsi dire, sur le bûcher mystérieux où
elle allait être immolée à Dieu par le
glaive non sanglant de la profession, d'être
incessamment auprès d'elle pendant la
cérémonie, pour la conforter et la soutenir dans les combats par quelques paroles de vie, et elle en eut besoin..... .
Semblable au jeune Isaac, lequel tout con-
sentant qu'il était d'être égorgé par les
mains de son père, voulut être lié sur le
bûcher où on lui allait couper la tête, de
peur, dit Zénon de Vérone, que, par la
crainte d'une mort si prochaine et si san-
glante, de laquelle la nature a toujours
de l'horreur, il ne lui échappât quelque mouvement involontaire indigne de

son grand courage, *ne victimâ calci-
traret.*

Le moment du sacrifice arrivé, la sœur
de Sainte Rose prononça ses vœux d'une
voix distincte qui marquait une fermeté
et un courage héroïques. Dans l'instant,
le démon, confus d'avoir été surmonté
par une fille à laquelle il avait livré inutilement tant de combats, et voyant bien
qu'il n'y avait rien à gagner auprès d'une
vierge qui venait d'être consacrée par un
époux qui allait la soutenir contre ses
insultes, et venait de recevoir une grâce
plus forte par sa consécration, se retira
et cessa de la tenter.

Jésus - Christ, qui venait de prendre
une possession plus absolue de son cœur,
parce qu'elle lui appartenait en qualité
d'épouse, la combla dans ce monde de
chastes plaisirs, et de célestes douceurs
que la langue ne peut exprimer. Elle fut
alors embrâsée d'une ardeur toute nouvelle, éclairée d'une lumière plus brillante, soutenue d'une grâce plus abondante, un fleuve rapide et délicieux de
paix et de tranquillité coula dans toute la
capacité de son âme, et il l'inonda tout

entière : son cœur, attentif au divin langage que lui tenait son céleste époux, embrasé d'une ardeur qu'il est plus facile de ressentir que d'exprimer, et comme absorbé par des délices intimes, causait en elle une suspension générale de tous ses organes et de tous ses sens extérieurs et intérieurs. Elle ne sentait plus, parce qu'elle était livrée au sentiment exquis d'un Dieu amant et époux qui avait pris possession de son cœur ; elle ne voyait plus, n'entendait plus, et il semblait qu'elle eût perdu la parole : il n'y avait plus que son cœur qui parlait, qui soupirait, et était embrasé d'un amour extasique.

Sa mère maîtresse voulut lui parler dans l'après-dînée, pour lui faire rendre compte des dispositions dans lesquelles elle s'était trouvée pendant le tems de son sacrifice. Les alarmes où sa chaste novice s'était trouvée avant la cérémonie, lui avaient causé de l'inquiétude, et elle voulait savoir d'elle si l'orage était cessé. Mais elle fut bien surprise de trouver la néophite immobile, absorbée et abîmée en Dieu, et comme suspendue entre le

ciel et la terre, sans sentiment et sans
parole. Elle bénit le Seigneur et respecta
l'opération toute puissante de Dieu dans
cette nouvelle épouse, qu'il avait conduite
dans ses divins celliers pour l'enivrer du
vin délicieux de sa charité : elle la laissa,
par respect, dans la jouissance et dans
les chastes embrassemens de son céleste
époux, et elle n'eût garde de l'interrom-
pre. Cet époux lui défendit de réveiller
son épouse de son sommeil mystique jusqu'à ce qu'elle en sortît elle-même : elle
comprit bien que, quand Dieu parle, il
faut que la créature se taise, de peur de
distraire l'attention d'une chaste épouse
dans ce langage de cœur dont tous les
momens sont infiniment précieux, et va-
lent mille fois mieux que tous les trésors
de la terre.

L'esprit de Dieu, qui avait pris possession de son âme le jour de sa profession,
ne l'abandonna pas le reste de sa vie,
parce qu'elle eut toujours la même fidélité et la même ardeur dans tous ses devoirs de religion, et fut telle jusqu'à la
mort qu'elle avait été le jour qu'elle prononça ses vœux : même recueillement,

même amour, même mortification, même
ardeur, même charité pour les pauvres,
et même empressement pour les servir,
sans qu'on l'ait jamais aperçue dans le
moindre relâchement.

Dès que la sœur de Sainte Rose fut pro-
fesse, on la mit à l'Hôtel-Dieu pour servir
les pauvres malades. La manière dont elle
s'y était comportée pendant qu'elle était
novice, fit bien voir que c'était et son attrait et son talent ; et l'on peut dire que si
elle s'est acquittée en sainte religieuse des
autres obédiences qui lui ont été confiées,
elle a rempli celle-ci comme un ange terrestre ; elle s'y dévoua tout entière avec
un esprit de foi, animée de la charité la
plus fervente, et ne s'est jamais ralentie,
quelque laborieux et quelque pénibles
qu'aient été ses travaux. L'esprit, le cœur,
la bouche et les mains formaient en elle
une hospitalité parfaite : son esprit prenait soin de diriger toujours son action
vers Dieu, et ne la commençait jamais
sans la lui offrir, se remplissant toujours
de cette pensée qu'elle allait servir Jésus-
Christ dans ses membres, et que cet adorable Sauveur, selon l'expression de Saint

Chrysostôme, mangerait le pain et les autres alimens qu'elle allait leur présenter,
qu'il boirait l'eau qu'elle leur donnerait,
et recevrait les visites et les autres services qu'elle leur rendrait.

Elle était attentive à éviter l'éclat pour
ne pas donner lieu à la vanité qui se mêle
avec les actions les plus saintes pour en
diminuer le mérite ; elle prévoyait tout
avec sagesse et avec une singulière prudence, de peur que Jésus-Christ ne souffrît dans la personne des pauvres ; elle
avait une présence d'esprit et une attention singulières pendant l'action de charité, pour en réformer ou plutôt en éloi-
gner les vues imparfaites ; elle prenait
grand soin d'éviter la partialité et la prédilection, et si elle en marquait quelquefois, ce n'était qu'en faveur des plus malades, des plus dégoûtans, et de ceux dont
l'humeur paraissait plus insupportable,
où il n'y avait que des rebuts à essuyer,
et quelquefois des impatiences et des injures à supporter ; de sorte qu'il semblait
que la grâce toute seule fût le premier et
le seul mobile de tous les services qu'elle
rendait aux pauvres malades.

Son esprit était si présent à tout ce qu'elle faisait à leur égard, qu'encore qu'elle ne perdît jamais la présence de Dieu, elle ne faisait jamais de faute et ne tombait dans aucune précipitation ni dans aucune distraction qui confondît ou qui dérangeât l'ordre de ses actions de charité : accablée quelquefois par le grand nombre ou de blessés ou de malades à l'extrémité, qui semblaient demander chacun la présence de la sœur de Sainte-Rose, elle avait tant de prévoyance, tant d'ordre et en même tems tant d'ardeur et d'adresse, que tous étaient également secourus et que jamais elle ne faisait languir personne. Pour nourrir son esprit pendant qu'elle était occupée au ministère de Marthe, tantôt elle se ressouvenait que, dans ce même Hôtel-Dieu où elle passait les jours et les nuits, saint Louis, le plus saint de nos rois, avait lui-même servi les malades, que de ses mains royales, il avait pansé leurs plaies, qu'il avait passé une nuit entière dans cet exercice, si bas et si ravalé aux yeux des hommes et si grand aux yeux de Dieu ; qu'il avait abaissé et sa pourpre royale et sa tête cou-

ronnée, et toute sa personne aux pieds des
pauvres, et que, par l'attouchement de ses
mains et par un baiser de sa bouche, il
avait guéri un lépreux dans le même endroit. Tantôt elle se remettait dans la mémoire ces admirables paroles de Jésus-
Christ, qui disait que quiconque rendrait service aux plus petits, le lui
rendrait à lui-même; tantôt elle élevait
son espérance jusqu'aux biens éternels
dont la vraie charité est toujours récompensée, d'après ces paroles de Jésus-
Christ, à ceux qui sont appelés dans le
ciel : « Venez les bénis de mon père, venez posséder le royaume qui vous est
préparé, car j'étais malade et vous m'a-
vez visité, j'avais faim, j'avais soif, et
vous m'avez donné à manger et à boire. »

La sœur de Sainte Rose, parfaite imi-
tatrice de ce grand et charitable monar-
que dont nous venons de parler, ne pansait jamais les plaies qu'à genoux, ado-
rant avec un profond respect dans la personne du malade, celui que Saint-Louis
avait adoré, et dans les blessés qu'il avait
pansés et dans le lépreux qu'il avait mi-

raculeusement guéri. Toute autre posture n'aurait pas assez marqué et sa foi, et son respect; se disant à elle-même : tantôt j'ai l'honneur de servir mon Dieu, mon sauveur et mon époux; et tantôt, ce pauvre que je sers pourrait bien cacher sous ses haillons et sous ses plaies, celui qui s'est souvent déguisé sous l'apparence du pauvre lépreux.

La charité de notre fervente hospitalière ne se bornait pas aux simples secours corporels, les besoins spirituels de ses malades la touchaient davantage, parce qu'ils sont beaucoup plus du ressort de la vraie charité, qui préfère toujours l'âme au corps et le salut éternel à la santé temporelle. Elle n'approchait jamais d'un malade, pour quelque service que ce fût, qu'elle ne prononçât un acte d'amour et de résignation dans les souffrances; et elle le faisait toujours d'une manière si vive et si touchante, qu'ils s'insinuaient agréablement dans le cœur du malade, à qui souvent elle le faisait prononcer, pour lui apprendre à ne chercher des consolations que dans la conformité à la volonté de Dieu.

Quand tous les malades étaient satis-
faits pour le service extérieur, et qu'elle
avait quelque moment de relâche, elle ne
manquait pas de leur venir parler de Dieu,
elle les faisait prier et elle priait elle-même
avec eux, et sa dévotion et le son de sa
voix portaient onction dans leurs cœurs;
souvent elle leur faisait de saintes lectures conformes aux besoins de leur
âme et elle les accompagnait de courtes
réflexions des plus touchantes qui les im-
primaient plus avant dans leurs cœurs,
et elle n'omettait rien de ce qui pouvait
contribuer à leur consolation et à leur salut : elle s'informait doucement et adroitement de l'état de leurs conciences, elle
les disposait à se confesser et à commu-
nier, et elle avait le don de persuader ce
qu'elle voulait, parce que l'esprit de Dieu
dont elle était remplie la faisait réussir pour
sa gloire en tout ce qu'elle entreprenait.

Lorsqu'elle avait soin de quelques malades dont la vie avait été déréglée et
libertine, elle commençait par prier
avec une dévotion et un zèle admirables pour sa conversion; et ses prières
et ses exhortations vives et pathétiques

gagnaient sur les cœurs endurcis tout ce qu'elle voulait, parce qu'elle ne voulait que leur conversion et leur salut. Plusieurs libertins qui ont recouvré leur santé corporelle par ses assistances, et qui vivent encore à présent, se confessent redevables de leur conversion au zèle et aux exhortations de cette admirable hospitalière des corps et des âmes; ils bénissent le Seigneur d'avoir été malades dans l'Hôtel-Dieu et entre les mains de la sœur Sainte Rose; et la vie chrétienne qu'ils mènent depuis ce tems, est un éloge continuel de cette sainte religieuse.

Si les malades confiés à ses soins approchaient de la mort, cette digne hospitalière, toujours attentive et toujours zélée, redoublait ses prières et ses soins; elle prenait son tems pour annoncer le péril, et le faisait avec une douceur, une prudence et un zèle qui avaient toùt leur effet. Éloignée de ces ménagemens lâches et dangereux qui tardent à donner ces avis importans et si nécessaires, qui ne se faisaient qu'à la dernière extrémité au moribond, le tems de se préparer à ce dernier et redoutable moment d'où dépend une éternité tout entière, elle leur en parlait de bonne heure. Il semble que, dans ces occasions, la grâce fût répandue sur ses lèvres, et son cœur embrasé des plus pures ardeurs du zèle et de l'amour de Dieu ; ses paroles étaient des paroles de vie, elle les résignait à la mort et la leur faisait offrir à Dieu comme un sacrifice ; elle les y préparait avec une méthode et un succès admirables, et elle les disposait à recevoir les derniers sacremens comme un apôtre.

Quand les malades les avaient reçus, et qu'elle les avait aidés à faire leurs actions de grâces, alors elle ne les quittait plus, et en était inséparable aussi bien la nuit que le jour ; elle était incessamment auprès d'eux, tantôt prosternée pour prier, tantôt en action pour les secourir, tantôt debout pour les exhorter, et elle ne se retirait qu'après qu'ils avaient rendu le dernier soupir et qu'elle avait prié pour le repos de leurs âmes. Voilà la charité que la sœur Sainte Rose exerçait envers les malades ; mais son cœur y avait la meilleure part, elle entrait d'abord avec une tendre compassion et avec des en-

trailles de miséricorde dans les misères
et les souffrances des pauvres qu'elle se-
courait ; elle sentait vivement leurs maux,
qui devenaient toujours contagieux pour
son bon cœur, elle se mettait à leur place
et était malade avec les malades, selon
le conseil de Saint-Paul. Elle souffrait
non-seulement avec patience ; mais avec
joie, leurs rebuts et leurs paroles désobligeantes, en les attribuant toujours à la
maladie, et jamais à la personne malade.
Comme elle cherchait selon l'avis d'un
saint docteur, le cœur du malade dans le
sien, le sien dans celui du malade, et qu'a-
nimée d'une foi vive, elle trouvait l'une
et l'autre dans le cœur de Jésus-Christ,
elle puisait toujours dans cet aimable
centre de quoi surmonter tous les dégoûts ;
ce qui faisait que sa charité n'était pas
seulement secourable, mais amie, sœur et
mère tout en semble.

En effet, l'hospitalité et les services des
pauvres a toujours été l'attrait dominant
du cœur de la sœur Sainte Rose ; tout ce
qu'ils avaient de plus infect, de plus dégoûtant et de plus capable de mettre en
fuite les délicats du siècle, loin de refroi-

dir son cœur et de ralentir sa charité,
était au contraire ce qui lui causait plus
d'ardeur, et donnait de nouveaux feux
à son zèle qui n'avait point de bornes.

La bouche avait part à sa charité;
comme elle était l'organe de son cœur, et
que son cœur était plein de cette charité,
elle exprimait ses sentimens par des paroles de compassion et de tendresse; puissante en paroles aussi bien qu'en œuvres,
elle avait un talent extraordinaire pour
parler de Dieu, pour consoler un malade,
pour réprimer ses impatiences et ses sentimens imparfaits, pour lui inspirer une
parfaite résignation dans les maladies les
plus longues et les plus aigues, et pour
leur faire trouver le secret d'en faire un
saint usage et de les mettre à profit pour
l'éternité, de sorte qu'un malade ne sentait presque plus ses maux quand la sœur
Sainte Rose était à ses côtés.

Combien de conversions extraordinaires
et prodigieuses n'a-t-elle pas opérées dans
l'Hôtel-Dieu de Saint-Nicolas par la force
et par l'onction admirable de ses paroles!
combien de femmes mondaines dont la
conduite était déréglée, auxquelles Dieu

a inspiré, par l'organe de sa voix, à renoncer aux plaisirs des sens et à vivre
dans la règle et dans la continence! Il n'y
eut jamais de femme assez hardie dans
la ville pour entrer à l'hôpital avec la
gorge découverte, pendant que la sœur de
Sainte Rose y était; elle les traitait à peu
près comme Jésus-Christ traita les profanateurs de son temple, dès qu'elle les
apercevait immodestement découvertes.
Elle courait à elles, leur crachait sur la
gorge comme elle avait commencé dès sa
jeunesse, et les autres n'avaient garde de
s'y exposer.

Comme elle avait une chasteté angélique, qui s'était d'autant plus solidement
affermie que Dieu l'avait exposée à des
combats très-rigoureux et très-fréquens,
et que cette vertu n'était pas chez elle une
vertu de tempérament, mais une vertu
acquise, éprouvée, et toujours triomphante, elle avait plus de grâce et plus
d'énergie pour l'inspirer et la faire aimer
aux autres.

On a vu des soldats sans religion et sans
pudeur, des libertins déclarés, des ju-
reurs et des blasphémateurs devenir par

ses soins, des agneaux doux et dociles, de loups ravissans qu'ils étaient
auparavant. La sœur de Sainte Rose avait
une adresse admirable pour les gagner et
pour adoucir les humeurs les plus bizar-
res et les plus féroces; elle avait l'art
de mettre à profit une infinité de petits services qu'elle leur rendait, mais
c'était pour mieux insinuer dans leurs
cœurs la divine parole, et obtenir d'eux,
tantôt qu'ils ne prononçassent aucune
parole indécente, et tantôt qu'ils s'abs-
tinssent des juremens, et comme la pudeur et la modestie, gravées sur son
front, la leur rendaient plus respectable,
son air sage et tendre tout ensemble
était cause d'abord qu'ils souffraient, et
qu'ensuite ils aimaient ses fortes remon-
trances; sa bonté la faisait aimer, sa
vertu respecter; et Dieu qui avait attaché
une onction merveilleuse à ses paroles
s'en est servi très-souvent pour la conversion des pécheurs les plus endurcis et
qui paraissaient les plus désespérés.

Le service des mains couronnait en
elle l'hospitalité, et réuni à toutes ses au-

4

tres qualités, formait en elle une charité parfaite et consommée, suivant en cela le conseil admirable que nous donne le disciple bien-aimé par ces paroles: « Mes petits enfans, n'aimons pas seulement de la voix et de la bouche, mais aimons par les œuvres et en vérité. »

Ses mains, en effet, s'appliquaient à tout, et ne s'épargnaient jamais ; elles rendaient promptement tous les secours imaginables, quelque rude et dégoûtant que fût le service qu'on exigeait de sa charité, et quelque rebutant que fût le malade, elle nétoyait les ordures les plus dégoûtantes, tandis que d'autres auraient cru être infectées par leurs saletés.

Telle avait été la sœur de Sainte Rose pour les pauvres dès sa plus tendre jeunesse, et telle elle fut jusqu'à la fin de sa vie; il semble que la miséricorde se soit emparée de son cœur et de toute sa personne dès qu'elle est venue au monde ; elle pouvait dire avec le saint homme Job: « La miséricorde qui est sortie avec moi du sein de ma mère, a toujours pris de nouveaux accroissemens dans mon âme de-

puis mon enfance. » La nature et la grâce
concouraient ensemble à former les traits
de cette charité et de cette miséricorde
dans son cœur ; la nature lui avait donné
un naturel doux et compâtissant sans
bassesse, une âme grande et généreuse
sans fierté, un cœur tendre et sensible
sans faiblesse ; la grâce lui inspirait des
sentimens élevés, une foi vive, une obéissance prompte et une délicatesse infinie
touchant la charité ; mais les vertus na-
turelles et surnaturelles ayant été per-
fectionnées par la profession religieuse,
et élevées par des motifs plus purs et
plus sublimes, elle devint une hospitalière parfaite, et porta tous les malades
dans son cœur.

On la voyait courir, avec une ardeur
qu'on ne peut exprimer, aux malades les
plus pressés, les nétoyer comme ses propres
enfans, malgré leur mauvaise odeur, sans
jamais marquer la moindre répugnance,
faire leurs lits, les habiller, les peigner,
les délivrer, avec soin, d'une importune
vermine, sans crainte de l'attirer sur elle,
leur porter leurs repas, leur donner les

bouillons avec la même foi et le même
respect que si elle les présentait à Jésus-
Christ même, les lever dix fois le jour et
autant de fois la nuit, au premier cri
ou au premier signe de besoin, sans jamais se plaindre ni de la lassitude, ni de
eur importunité. A la voir courir de lit
en lit, agir, balayer, servir, desservir,
porter agréablement les bassins les plus
infects, et nétoyer de ses propres mains
les crachoirs les plus capables de faire
soulever le cœur, avec une vitesse, un
empressement, et une rapidité, qui, cependant, n'avaient rien de précipité, rien
de brusque ; on eût dit que c'était moins
une fille mortelle qui agissait, qu'un
ange descendu du ciel sous une apparence
humaine, qui volait et semblait se multi-
plier soi-même à chaque instant pour servir tous les malades qui l'appelaient à
leur secours.

Comme la charité de Jésus-Christ pres-
sait incessamment son âme comme celle
de saint Paul, et que ce feu sacré caché
dans son cœur, cherchait à le répandre
de tous côtés, elle ne pouvait pas se res-

treindre dans les bornes de l'Hôtel-Dieu,
qui étaient trop étroites pour son grand
cœur. Sa charité s'étendait sur tous les
pauvres et tous les malades de la ville
et des villages circonvoisins ; ils avaient
tous recours à la sœur de Sainte Rose, et
elle les a tous soulagés. Comme elle avait
appris à saigner, et qu'elle avait une
adresse admirable à panser toutes sortes
de plaies, l'on ne peut dire le nombre de
malades qui avaient recours à ses soins.
Nous avons déjà dit qu'elle pansait toutes
les plaies à genoux, avec une singulière
dévotion ; mais nous devons ajouter qu'en
pansant ces plaies, elle faisait le signe
de la croix comme pour les bénir et attirer, par ce signe salutaire, le secours de celui qui nous a sauvés et guéri
nos plaies par la croix. Plus ces plaies
étaient repoussantes, plus elle les baisait avec ardeur pour vaincre, en ap-
prochant souvent sa bouche de ces ul-
cères, les répugnances qu'elle aurait pu
sentir ; dans le tems qu'elle les pansait
elle parlait toujours de Dieu pour inviter
à la patience, et Dieu donnait des béné-

dictions si sensibles au service charitable de ses mains, qu'elle a guéri les plaies les plus invétérées, les plus incurables et les plus désespérees.

On a vu de pauvres soldats, après avoir couru inutilement d'hôpital en hôpital pour trouver la guérison de quelques plaies, recourir à la sœur de Sainte Rose; celles que les chirurgiens avaient abandonnées et qu'ils jugeaient incurables, étaient celles que notre généreuse et fervente hospitalière choisissait et guérissait le plus sûrement. On l'a vue guérir des plaies de dix années qui paraissaient effroyables, pour l'odeur, la corruption et l'infection qu'elles répandaient sur tous ceux qui approchaient de ces pauvres blessés.

Je ne finirais jamais si j'étais obligé d'entrer dans le détail de toutes les actions de charité de cette incomparable hospitalière, dont quelques-unes ont passé et passent encore dans l'esprit de plusieurs personnes de piété, pour de vrais miracles; nous les respectons, parce que nous savons que la main de Dieu n'est point affaiblie, mais nous ne les donnons

pas absolument pour tels, par la raison
que j'ai dite dans le commencement de ce
recueil, tant à cause du respect que je
dois aux ordres sacrés de l'Eglise, que
parce que, dans le siècle où nous vivons,
dans lequel la foi et la charité ne sont que
trop refroidies, il n'y a que trop de préten-
dus esprits forts qui critiquent sans raison
tout ce qui ne tombe pas sous l'expérience
de leurs sens.

Il est vrai qu'il y a des tems où l'on a
trouvé à propos d'employer la sœur de
Sainte Rose à d'autres obédiences qu'à
celle de l'hôpital, mais il était à propos
qu'elle les sanctifiât, et que, par son zèle,
sa prudence et son exactitude, elle mon-
trât à ses autres sœurs la manière religieuse dont il faut remplir tous les devoirs que la religion trouverait à propos
de leur confier. Cependant on peut dire
que l'hôpital a toujours été son centre ;
c'est par cette sainte obédience qu'elle
a commencé la vie religieuse ; c'est aussi
par elle qu'elle a fini, heureuse d'avoir
été attaquée de la dernière maladie dans
ce pieux exercice, et que les derniers
travaux de sa vie aient été consacrés au

service des pauvres membres de ce céleste époux, dans le moment qu'il est
venu l'inviter aux noces éternelles, et
dans ce bienheureux séjour où il fait suc-
céder un délicieux repos à toutes les fatigues qu'on a essuyées pour son amour, et
un amour sans alarmes à toutes les inquiétudes de cette vie mortelle.

Les religieuses de la maison de Saint-
Nicolas, avaient mis en elle toute leur
confiance pour leurs besoins spirituels,
et leur confiance n'a jamais été vaine ni
frustrée de ce qu'on en pouvait attendre.
Elles lui demandaient des avis; et, sans
sortir de ce respect qu'elle leur devait
comme n'étant que sœur converse, elle
leur en donnait qui étaient remplis de
l'esprit de sagesse et de religion. Elles la
consultaient dans leurs peines intérieures, et y trouvaient toujours cette tendresse et cette charité éclairée et com-
patissante qui savent consoler, instruire,
animer et soulager tout ensemble. Celles
que Dieu a affligées de quelques infirmités corporelles, les lui ont confiées, et
elles y ont trouvé tout le soulagement
qu'elles auraient pu espérer d'une sœur

affectionnée, et d'un chirurgien le plus expérimenté dans l'art de panser les plaies.

La sœur de Sainte Rose dont la charité était sans bornes, se livrait tout entière à ses sœurs qui souffraient, et si elle avait tant de zèle et tant d'ardeur pour secourir des pauvres inconnus qu'on recevait par charité à l'Hôtel-Dieu, son zèle augmentait quand il était question de soulager des épouses de Jésus-Christ, qui étaient doublement ses sœurs, c'est-à-dire par le baptême et par la consécration religieuse; c'était une tendresse, une assiduité, un respect, une sagesse et une discrétion qui charmaient et adoucissaient beaucoup les douleurs de ces dames infirmes. A toute heure et à tout moment elle était prête à les assister, et la longueur de leurs maladies n'a jamais ralenti son infatigable charité. Quelques-unes de ces saintes religieuses ne pourront peut-être pas lire cet article, sans donner quelques larmes à cette illustre défunte; elles sentent assez la perte inestimable qu'elles ont faite. Je sais combien tendrement elle est regrettée, et

5

combien la mémoire leur en est précieuse
et douloureuse ; c'est cependant pour
leur consolation que j'écris cette vie. Je
sais combien on a dit tout haut, avec
les gémissemens du cœur et les larmes
aux yeux, qu'on n'avait pas seulement
perdu dans cette sainte fille une digne
hospitalière , une tendre et généreuse
amie, une humble servante, une sœur
charitable, mais le refuge de tous les
affligés et une mère affectionnée qui ai-
dait à supporter tous les maux, et faisait
consister tout son plaisir à secourir les
affligés et les malades.

Il n'y a pas jusqu'aux enfans dont Dieu
ne se soit servi, selon l'expression du pro-
phête, pour publier les louanges de la
charité. Lorsque le soin des pensionnaires
lui fut confié , ces jeunes filles l'aimaient
comme leur mère, et la respectaient
comme une sainte; parce qu'elles les édifiait par ses exemples et par ses paroles ,
qu'elle les aimait comme ses enfans, et
qu'elle leur procurait une infinité de biens;
elle les servait avec tendresse et même
avec respect, parce qu'elle adorait Jésus-
Christ en elles, et qu'ayant une tendre

dévotion envers la divine enfance, tout
ce qui la lui représentait lui était cher et
respectable ; elle leur apprenait à conserver Jésus-Christ dans leurs cœurs, évi-
tant soigneusement de l'offenser et de lui
déplaire ; elle avait un vrai talent pour
apaiser les petites querelles qui naissent
quelquefois parmi les enfans, et elle les
invitait efficacement à s'aimer tendrement l'une et l'autre en Jésus-Christ seul :
en un mot, dans tous les emplois que la
religion lui a confiés, elle a fait éclater sa
charité ; mais le besoin des pauvres l'a
toujours appelée à leur service dans l'Hôtel-Dieu : c'était là son centre, son attrait,
sa vocation, son talent, sa grâce et son
inclination dominante ; et c'est là où sa
charité a toujours triomphé.

L'obéissance de la sœur de Sainte Rose
pourrait ici servir de modèle aux plus
parfaites et aux plus saintes religieuses,
persuadée qu'elle était que cette vertu
est le plus essentiel de tous les vœux,
que c'est par elle que la religion subsiste,
et qu'enfin elle fait tout le repos et toute
la sûreté d'une âme consacrée à Jésus-
Christ, qui a été lui-même obéissant jus-

qu'à la mort, et à la mort de la croix ;
elle l'a pratiquée d'une manière tout héroïque : c'est en cela qu'elle faisait la joie
et la consolation de ses supérieures qui
l'avaient toujours à leur main pour faire
avec un singulier plaisir tout ce qui aurait pu faire le plus de peine aux autres.

Il aurait été difficile de pouvoir démê-
ler les inclinations de cette parfaite religieuse. Excepté celle d'être toute à Dieu,
toute à ses supérieures, toute à ses sœurs
et toute aux pauvres membres de Jésus-
Christ, elle n'en avait point d'autre ; sa
volonté était entièrement absorbée dans
celle du céleste époux à qui elle l'avait
consacrée ; elle s'attachait tellement à
l'emploi où l'obéissance la mettait, et elle
s'en acquittait avec tant d'ardeur et de
joie, qu'on se serait imaginé, à la voir
agir, que c'était celui qui flattait le plus
son inclination naturelle ; mais elle faisait bien voir que c'était là seule obéissance qui le lui rendait agréable, et que
cette vertu seule était la source où elle
puisait sa joie et ses délices, puisque,
quand on la changeait d'obédience ,
elle paraissait aussi changer d'inclina-

tion, pour ne s'affectionner qu'à ce que la supérieure lui ordonnait de faire. C'est ainsi que les plus parfaites religieuses obéissent, en ne s'affectionnant qu'aux choses qui leur sont prescrites.

La voix, la volonté, l'ordre de ses supérieures étaient, pour cette sainte religieuse, la voix, la volonté et l'ordre de Dieu qu'elle écoutait, respectait et adorait en elles. Son esprit éclairé par les lumières de sa foi, voyait Jésus-Christ dans la personne de ceux ou de celles qui avaient droit de lui commander; non-seulement la voix, mais le moindre signe était pour elle un ordre du ciel qu'elle exécutait avec autant de soumission et de promptitude, que si la voix de Jésus - Christ s'était fait entendre intelligiblement à ses oreilles ; aussi, le commandement était-il reçu premièrement dans son cœur, et c'est ce qui rendait son obéissance délicieuse, prompte, soumise et aveugle en toutes choses.

On sait que la sœur de Sainte Rose a eu nombre d'occasions d'exercer l'obéissance dans des choses très-rudes, où elle avait besoin d'un courage héroïque pour

le surmonter elle-même : mais comme'elle
avait pris son parti et que l'habitude de
cette vertu s'était formée dans son cœur,
elle y trouvait des délices ; du moins
on ne l'a jamais entendu se plaindre, et
on ne l'a jamais vue différer d'un moment, ni marquer aucune répugnance ni
mauvaise humeur ; au contraire , une
paix profonde, un air agréable et une
joie religieuse étaient toujours marquées
sur son visage ; c'est ce qui marquait la
joie sensible qu'elle avait à obéir.

Jamais obéissance ne fut plus universelle ni plus étendue que celle de la sœur
de Sainte Rose ; elle regardait toutes les
religieuses du chœur, et même toutes les
sœurs, comme ses supérieures, et jamais
elle ne leur a refusé les secours qu'elles
exigeaient de sa charité, ni les petits services qu'elles demandaient, s'imaginant
les rendre à Dieu en les rendant à ses
épouses.

Quand le Seigneur l'a voulu éprouver
par quelques maladies qu'elle ne décou-
vrait que quand elle ne pouvait plus les
cacher, la voix d'une infirmière lui suffisait pour lui faire prendre, sans différer

d'un moment, les remèdes les plus amers
et les plus dégoûtans, comme les liqueurs
les plus délicieuses, malgré l'aversion naturelle qu'elle en avait ; c'est ainsi qu'une
âme parfaitement morte à elle-même et à
sa propre volonté, loin de chercher à se-
couer le joug de l'obéissance quand elle
n'a pas sa supérieure auprès d'elle, regarde toutes les autres comme ses supérieures, pour avoir le plaisir d'obéir.
On ne peut rien ajouter à l'amour qu'elle
avait pour la pauvreté religieuse ; elle
était parvenue à cette pauvreté sublime
dont Jésus-Christ a fait l'éloge sur la mon-
tagne, et qu'il met entre les béatitudes de
cette vie; pauvreté qui ne se contente pas
de priver le corps de tous les biens temporels et de toutes les commodités de la
vie, mais que retranche aussi toutes les
attaches sensibles et tous les désirs in-
téressés du cœur. Cet amour pour la
pauvreté venait du peu d'estime qu'elle
avait pour elle-même et de son union in-
time avec Dieu, parce qu'elle croyait ne
mériter rien, qu'elle voulait qu'on la
comptât pour rien, et qu'elle avait un
souverain mépris d'elle-même. Elle croyait

se rendre justice en ne possédant rien
et se privant de toutes choses ; et parce
qu'elle aimait uniquement son céleste
époux, elle ne voulait rien admettre dans
son cœur qui pût l'attacher ou le parta-
ger, de peur de mettre obstacle à son
amour qui faisait tout son bonheur et tout
son trésor.

La sœur de Sainte Rose pratiquait la
pauvreté en toutes choses ; loin d'avoir à
son usage quelque chose de curieux, de
superflu et de précieux, elle n'avait jamais plus de plaisir que quand elle pouvait manquer de l'utile et même du nécessaire ; cette pauvreté était marquée
dans ses petits meubles, dans ses habits
et sa nourriture ; tout ce qu'il y avait
de plus pauvre et de plus vil lui conve-
nait ; elle n'était jamais plus contente, et
ne faisait jamais de plus délicieux repas que quand elle n'avait à manger que
les restes de ses sœurs et des pauvres.
Elle faisait de même dans ses habille-
mens, se trouvait honorée de porter,
pour ses vêtemens, ceux que les religieuses avaient usés, et alors elle se croyait
plus parée de ces haillons qui avaient ser-

vi long-tems aux épouses de Jésus-Christ
que des habits les plus magnifiques et
les plus précieux. Pendant les hivers les
plus rigoureux, et dans ses maladies, qui
étaient assez fréquentes, la pauvreté l'a fait
beaucoup souffrir, mais elle n'y a jamais
cherché aucun soulagement par des habits plus commodes, ne pouvant souffrir
qu'on fît aucune dépense pour elle, se
ressouvenant toujours qu'elle était une
pécheresse qui ne méritait rien, et que
d'ailleurs elle avait l'honneur d'être l'é-
pouse d'un Dieu qui, bien qu'il fût la
source de tous les trésors, a voulu cependant naître, vivre et mourir dans la pauvreté.

Elle avait appris à l'école de son céleste
époux à se passer de tout, et elle n'avait
besoin de rien, excepté pour les pauvres,
parce qu'elle ne désirait rien ; comme elle
craignait de s'attacher, elle appréhendait
de posséder ; elle savait trop bien que la
cupidité, qui ne meurt jamais et qui ne
se réveille que trop souvent quand on n'a
pas soin de la réprimer, cherche à se dé-
dommager d'un sacrifice où il n'y a plus
de retour, par de petites bagatelles ou

de petits meubles précieux, qui ne laissent
pas que d'amuser et d'attacher le cœur,
et de le soustraire insensiblement à celui
à qui il est dû tout entier. C'est par cette
exacte et rigoureuse pauvreté, que la
sœur de Sainte Rose condamnait ces personnes qui, bien que consacrées à Dieu
par le vœu solennel de la pauvreté religieuse, se font à elles-mêmes une multi-
tude de besoins imaginaires qu'une délicate cupidité fait naître de tems en tems
pour satisfaire une infinité de désirs inu-
tiles, et qui, loin de se priver comme elle
de quelque chose de nécessaire, passent
sans scrupule du nécessaire à l'utile, de
l'utile au commode, du commode au superflu, du superflu à l'attachement, et
quelquefois de cet attachement au regret
d'avoir tout quitté.

Après la mort de la sœur de Sainte
Rose, plusieurs personnes de piété et de
considération, qui l'avaient aimée comme
la mère des pauvres et respectée comme
une sainte, s'empressèrent, par dévotion, de demander quelque chose qui lui
eût appartenu. On visita sa chambre,
et on la trouva parfaitement semblable

à l'étable où Jésus-Christ a pris naissance, c'est-à-dire dans une extrême pauvreté; il ne s'y trouva que quelques petites images et quelques fragmens de pauvres habits usés, dont on distribua une
partie, et qu'on reçut avec respect comme
de précieuses reliques d'une sainte religieuse dont la pauvreté et le dépouille-
ment universel avaient beaucoup contribué à orner et enrichir son âme des précieux trésors de la grâce et de la gloire.

J'ai déjà dit que l'amour de la pauvreté
de notre sainte religieuse, venait de l'extrême mépris qu'elle avait conçu d'elle-
même; c'est ce qui nous conduit insensiblement à parler de l'humilité profonde
qu'elle a pratiquée jusqu'à la mort. En
effet, on peut dire que la sœur de Sainte
Rose considérait cette vertu comme la
base et le fondement solide de tout l'édifice spirituel, et comme la mère de toutes les vertus qui sont autant de pierres
liées par le ciment de la charité qui composent cet admirable édifice, sans laquelle
le vent de l'orgueil ne manquerait pas de
le renverser et de le détruire entièrement.

Elle avait étudié à fond cette grande vertu dans le livre admirable *des points de l'humilité*, composé par le révérend père François Giry, dont la mémoire est précieuse dans l'ordre des Minimes ; elle portait toujours sur elle cet excellent ouvrage qui faisait, jour et nuit, le sujet de ses méditations ; en un mot, c'était son livre favori ; il lui a été d'un grand secours et elle le pratiquait à la lettre.

Cette humilité était profondément enracinée dans son cœur par les bas sentimens qu'elle avait d'elle-même, se regardant comme une indigne pécheresse , comme un néant vivant et comme une boue animée dans son esprit par la conviction qu'elle n'était rien , qu'elle ne méritait rien , et qu'il n'y avait personne qui fût plus méchant qu'elle dans ses paroles , par les expressions sincères et humbles qui sortaient de sa bouche , et dans toutes ses actions, choisissant toujours le plus difficile travail, le plus bas et le plus humiliant, croyant cependant être trop honorée , et cherchant toujours tout ce qui pouvait l'humilier et l'abaisser aux yeux des créatures.

Cette humilité était universelle et d'une étendue prodigieuse ; elle s'humiliait à l'égard de Dieu, à l'égard de ses supérieures, de ses sœurs, des pauvres, de ceux et de celles qui la reprenaient et lui causaient le plus de chagrin. L'humilité de cœur la plus profonde était marquée dans toute sa personne quand elle priait, faisait oraison, était en présence de l'adorable sacrement de nos autels, et assistait à la sainte messe ; e'le paraissait alors toute pénétrée de ce respect, cette crainte, ce saisissement et cette frayeur salutaire que les âmes saintes éprouvent quand elles paraissent en présence de leur Dieu, de leur juge et de leur Sauveur. L'idée qu'elle avait de la grandeur infinie de Dieu, jointe à celle qu'elle avait de sa bassesse et de son néant, faisait dans son esprit, son cœur, son âme et toute sa personne, une si vive impression, qu'elle était saisie de confusion; on la voyait prosternée, abîmée, absorbée, confondue et rampante comme un ver de terre, n'osant lever les yeux comme le publicain en présence de cette redoutable majesté, de sorte qu'il était difficile de la voir en état de suppliante, sans en être parfaitement édifié et sans être véritablement touché de sentimens de dévotion.

Il ne faut pas s'étonner si elle était si soumise et si humble à l'égard de ses supérieurs; l'un conduit nécessairement à l'autre. Elle voyait en elle des yeux de la foi, la personne de Jésus-Christ cachée ; le profond respect qu'elle avait pour Dieu, formait dans son esprit et son cœur celui qu'elle avait pour la personne qui tenait sa place à son égard, et qui en était et l'image, et l'organe sensible, pour lui en signifier la volonté; de là vient que la sœur de Sainte Rose s'y soumettait en toutes comme à Dieu même.

Elle regardait toutes ses sœurs comme ses supérieures, et leur obéissait de même ; elle respectait en elles l'illustre qualité d'épouses de Jésus-Christ, dont elle se croyait indigne; elle n'eût jamais à leur égard aucun mépris, aucune indifférence, aucune hauteur, aucuns de ces airs hautains et contentieux qui sont des sources continuelles de contestations et de disputes qui altèrent souvent

la charité ; c'était au contraire une pré-
venance, un empressement à rendre service, une douceur et une charité qui
charmaient tout le monde et répandaient
dans toute la maison, tout l'hôpital et
toute la ville, la bonne odeur de Jésus-
Christ. Son air toujours soumis et agréable, son ton de voix qu'elle avait pris
soin d'adoucir et qui n'avait jamais d'ai-
greur, le prompt acquiescement à tout ce
qu'on demandait d'elle, étaient des preu-
ves convaincantes et continuelles de sa
parfaite humilité de cœur.

Il est vrai que la plupart des religieuses qui l'estimaient, l'aimaient cordia-
lement, et qui, dans le fond de leur
âme, l'honoraient comme une sainte, s'é-
chappaient quelquefois à la louer en sa
présence, mais alors l'humble servante de
Jésus-Christ était embarrassée, sa modestie
souffrait, elle entrait aussitôt dans une
confusion intérieure que la rougeur de
son visage accusait assez ; le trouble innocent de son âme, qui était marqué sur
son front, exprimait aussi son humilité
qui la rendait d'autant plus digne de
louanges, qu'elle mettait tout en usage

pour les éviter. Mais après avoir fait un désaveu de ces louanges et les avoir renvoyées au Seigneur, elle prenait le parti de se retirer au plus tôt en silence pour ne pas donner dans le piége de la vanité, et pour aller s'humilier, s'anéantir et se confondre aux pieds de son céleste époux.

C'était surtout dans l'Hôtel-Dieu où l'humilité admirable de la sœur de Sainte Rose éclatait le plus à l'égard des pauvres malades; elle les servait comme ses maîtres, les respectait comme les membres de Jésus-Christ, et souffrait tous leurs rebuts, toutes leurs impatiences et toutes leurs paroles dures avec une patience inaltérable. L'humble qualité de servante des pauvres était pour elle un titre d'honneur qu'elle chérissait beaucoup plus que tous les éloges, que tous les emplois et les dignités les plus brillantes qui flattent l'ambition des mondains; c'était sa glorieuse distinction, et tout ce qu'elle faisait à leur égard de plus bas, de plus ravalé, loin de l'abaisser et de la rebuter, faisait, au contraire, toute sa gloire et ses plus chères délices. J'ai déjà dit qu'elle se mettait toujours à genoux pour panser leurs plaies, et que, dans cette situation, elle les baisait avec respect; elle disait, il est vrai, que cette situation était plus commode pour ce qu'elle faisait, mais c'était pour cacher le plaisir qu'elle avait de marquer à son céleste époux l'honneur singulier qu'elle se faisait de le servir humblement dans ses membres.

Cette profonde et sincère humilité ne fut pas sans épreuves, et il lui en fallait pour la mieux établir dans son cœur et pour la rendre héroïque. On peut dire que la sœur de Sainte Rose a été une des âmes les plus humiliées par les violentes et continuelles contradictions que son divin époux lui a ménagées; elle n'entreprenait rien qui ne fût contredit, combattu et traversé : Dieu permettait même que ces contradictions fussent suscitées par les plus sages et les plus vertueuses, qui, par un esprit de zèle, craignant que ses progrès et ses desseins ne fussent que des productions d'un tempérament vif et entreprenant, croyaient être

obligées, en conscience, de s'y opposer
et de les combattre.

Dans le plus fort de ses contradictions
et de ses rigoureuses épreuves, capables
d'en déconcerter bien d'autres, et qu'on
a quelquefois poussées trop loin par indis-
crétion, la sœur de Sainte Rose n'a jamais perdu son humilité, sa patience, la
paix de son âme : prudente au milieu de
ces écueils, tranquille au milieu de ces
orages, elle était ravie de se voir mépri-
sée, priait pour ses persécutrices, les ho-
norait et les aimait plus que les autres.
Quand on la méprisait et qu'on la mal-
traitait, elle disait, avec un sentiment
d'humilité profonde, qu'on ne faisait que
commencer à la connaître. Elle gardait
un rigoureux silence, sans jamais se plaindre à personne et sans sortir de son humeur gaie et agréable ; car si elle parlait,
c'était pour se condamner elle - même
et justifier les personnes qui la traver-
saient le plus. C'est par ces pratiques généreusement soutenues, que l'humilité
chrétienne et religieuse jette de plus pro-
fondes racines dans le cœur, et qu'elle de-

vient également inébranlable contre le
torrent des contradictions et des humilia-
tions, et contre celui des louanges et des
applaudissemens.

Il serait difficile d'exprimer quelle était
la pureté de la sœur de Sainte Rose, et en
quel éminent degré elle la possédait ; persuadée que cette vertu est le plus riche
ornement des vierges, que le soin exact
pour la conserver dans tout son brillant,
fait toute leur pureté, que c'est par là
qu'elles plaisent à Dieu, qu'elles gagnent
le cœur et les tendresses de Jésus-Christ,
l'époux des vierges, qui se plaît et prend
ses délices parmi les lis de la virginité, et
qu'enfin on ne porte cet inappréciable et
rare trésor que dans des vases extrêmement fragiles. On ne peut s'imaginer avec
quelle exactitude et quel soin scrupuleux,
si j'ose le dire, elle éloignait de son esprit,
de son cœur, de ses yeux et de ses oreilles, tout ce qui aurait pu causer la moindre flétrissure à cette vertu angélique.

Remarquez cependant que cette pureté
était dans la sœur de Sainte Rose une
vertu d'autant plus héroïque, que n'étant
pas une vertu tranquille ni de pur tem-

pérament, elle était acquise par une infinité d'épreuves et de tentations qui
inspiraient incessamment à son cœur,
comme à saint Paul, des soupirs dou-
loureux et des désirs violens d'être déli-
vrée de ce corps de mort, qu'elle regardait son plus redoutable ennemi, et
prenait soin d'assujétir, de macérer et de
traiter rudement, comme un esclave et
un criminel, de peur qu'il ne se révoltât
contre l'esprit.

Elle a été exposée au-dedans et au-de-
hors à des combats rigoureux et continuels, dont elle est toujours restée victorieuse ; ces sensations, qui la suivaient
partout, ne venaient que de son extrême
délicatesse sur l'article de la pureté, sur
laquelle on ne peut pas prendre de trop
grandes précautions à cause du penchant
naturel du cœur, de la fragilité de la chair
et des artifices du démon, qui s'efforce de
surprendre par adresse et sous prétexte
même de charité, les âmes chastes qu'il
ne peut vaincre à force ouverte.

Les innocentes inquiétudes, les alarmes continuelles de la sœur Sainte Rose,
jointes à l'ardeur extrême qu'elle avait

de se conserver pure aux yeux de son
chaste époux, formaient en elle la matière
de ses combats : la crainte qu'elle avait
du péril faisait qu'elle avait toujours le
péril devant les yeux. La pensée, l'horreur et la présence du danger exposent sur
cette vertu une âme timorée à de rigou·
reuses épreuves, et elle n'aurait pas été
si souvent tentée si elle avait moins
aimé la chasteté.

Nous avons déja parlé dans le commencement de ce petit ouvrage, de l'amour et
du zèle qu'elle avait pour la pureté dès sa
plus tendre jeunesse, qui a toujours été
triomphante dans les occasions les plus
périlleuses, et cette pureté qui avait eu
de si glorieuses prémices, s'est soutenue
avec le même éclat jusqu'au dernier soupir. La sœur de Sainte Rose était tous les
jours exposée dans l'Hôtel-Dieu parmi les
hommes qu'elle servait dans leurs infirmités et surtout parmi les soldats qui,
pour l'ordinaire, ne connaissent guère la
pureté; mais sa présence seule leur inspirait la modestie et la sagesse. Le front
de cette vierge chaste et consacrée à Jésus-Christ, sur lequel une pudeur majes-

tueuse était gravée avec les plus beaux
traits, la leur faisait aimer et en même
tems la leur rendait respectable, et ils
n'avaient garde de se donner la liberté de
rien prononcer d'indécent, ni aucune parole équivoque qui pût blesser indirecte-
ment sa pureté. S'ils avaient prononcé
quelques paroles licencieuses, cette vierge,
qui avait pour eux toute la tendresse
d'une mère, toute l'humilité d'une servante des pauvres et toute la douceur
d'un agneau, se serait bientôt revêtue de
la force et de la générosité d'un lion, pour
les chasser honteusement de la maison
de Dieu, et elle les aurait traités avec le
même zèle que Phinées a traité les impu-
diques.

La sœur de Sainte Rose, qui regardait
la mortification extérieure et intérieure
comme la gardienne et la sauve-garde de
la pureté, l'a toujours pratiquée d'une
manière extraordinaire pendant tous les
jours de sa vie. Cette fervente hospitalière
comptait pour rien les fatigues continuelles qu'elle essuyait dans l'hôpital, dont le
service exact a ses rigueurs quand on ne
veut manquer à rien. Panser les plaies des

malades, faire leurs lits, nétoyer leurs ordures, les changer, les veiller la plus grande partie des nuits, en passer plusieurs sans prendre aucun repos, ne dormir presque jamais plus de trois heures dans les nuits les plus tranquilles, agir cons- tamment depuis le matin jusqu'au soir, au milieu des infections et de mille choses rebutantes à la nature ; tout cela ne con- tentait pas l'ardeur qu'elle avait pour la pénitence et la mortification ; il fallait que sa ferveur en inventât d'autres et qu'elle portât dans toute son étendue, la mortification de Jésus-Christ, afin qu'il n'y eût dans sa vie aucun moment vide de souffrances.

Jamais elle ne mangeait que ce qui était absolument nécessaire pour s'empê- cher de mourir ou de succomber à son rude travail ; elle mettait en réserve pour les pauvres toutes les petites douceurs qu'on lui présentait, et elle n'en goûtait jamais. Comme elle avait toujours trop de la portion religieuse du dîner et du sou- per, elle en réservait le meilleur pour les malades qui en avaient le plus de be- soin. Pendant les hivers les plus rigoureux elle ne s'approchait jamais du feu que pour chauffer des linges ou pour rendre quelqu'autre service aux malades. Les médecins et les chirurgiens de l'hôpital qui la voyaient agir et travailler toujours infatigablement, disaient avec admiration qu'il fallait, ou qu'elle fût devenue insensible par une impression surnaturelle de la grâce, ou qu'elle fût un miracle continuel d'une mortification héroïque, supposé qu'elle fût sensible.

Il semblait, en effet, que la sœur de Sainte Rose eût quelque chose de l'un et de l'autre, car elle paraissait morte à tout, et ses sens et ses organes semblaient être tellement absorbés dans leurs fonctions par l'habitude de la pénitence et de l'austérité, que son odorat ne discernait plus ni les bonnes ni les mauvaises odeurs, et que son goût savourait également les plus grossiers et les plus délicieux alimens.

Ses austérités étaient extrêmes, et elle y aurait bientôt succombé, si ses directeurs, pour lesquels elle avait une obéissance aveugle, ne les eussent modérées. Elle se levait régulièrement à deux heures après minuit pour prendre la discipline,

et elle le faisait avec tant de rigueur,
qu'elle se mettait tout en sang. Elle se cou-
chait fort souvent avec une ceinture de
fer dont les pointes entraient bien avant
dans sa chair ; c'est ainsi qu'elle modérait
l'innocent plaisir d'un sommeil nécessaire
après les fatigues de la journée, afin d'être
toujours sur la croix de Jésus-Christ. Elle
portait cette ceinture pendant le jour et
elle agissait avec la même liberté que si
elle n'eût senti aucune douleur, jusqu'à
faire les plus gros ouvrages et même la
lessive des malades, avec ce rude instrument de pénitence.

Elle passait en oraison et en pénitence
toutes les nuits des fêtes de notre Seigneur
et de la Sainte-Vierge, et, semblable à
saint Antoine, le soleil se levait trop tôt
pour elle. Après cette rude fatigue, elle
ne se reposait qu'en employant toute la
journée, partie à ses dévotions et partie aux travaux de l'Hôtel-Dieu. C'est
ainsi que les vrais héros du christianisme
et de la religion se reposent et se délas-
sent de leurs fatigues ; la fin d'un travail
est toujours pour eux le commencement

d'un autre, et ils n'attendent à se reposer
que dans le ciel.

La sœur de Sainte Rose était accablée
d'infirmités considérables, que son travail
infatigable et ses austérités continuelles
lui avaient attirées, mais elle savait si bien
les cacher, que personne ne pouvait s'en
apercevoir : à la voir agir et travailler
dans l'hôpital avec sa vivacité et son ardeur ordinaire, et d'un visage toujours
gai et d'une humeur agréable, on eût dit
qu'elle jouissait d'une parfaite santé. C'est
ce qui causait une double joie au cœur
de cette épouse avide de mortifications et
de souffrances ; la première était de souffrir et la seconde de souffrir en secret,
afin d'avoir le plaisir de souffrir toute
seule, et que personne ne la plaignît et ne
la soulageât dans ses plus vives douleurs.
Si elle s'est plaint quelquefois, c'était par
obéissance, et lorsque le mal était si pres-
sant qu'elle ne pouvait plus souffrir sans
succomber.

Elle eut une maladie effroyable qu'on
crut mortelle ; toutes ses sœurs étaient
dans la consternation, et ne cessaient de
prier pour obtenir sa guérison, les reli-

gieuses désolées qui craignaient de perdre
trop tôt ce riche trésor, la conjurèrent
plusieurs fois de se joindre à elles pour
demander sa santé. Elle entra alors dans
une confusion qu'on ne peut exprimer,
ne pouvant s'imaginer qu'on pût s'inté-
resser à la vie d'une indigne pécheresse,
comme elle croyait l'être; et elle ne ré-
pondit jamais autrement à toutes les
prières de ses sœurs que par ces paroles :
fiat voluntas tua ; Seigneur, que votre volonté soit faite. Durant cette maladie qui
fut également longue et périlleuse, on lui
fit de cruelles incisions, et il semblait
qu'elle souffrît dans un corps étranger.
Elle aurait même marqué beaucoup plus
de douleur, si une autre qu'elle, avait
été exposée aux mêmes opérations dans
les douleurs les plus aigues; et lorsqu'on
lui coupait la chair vive, elle ne perdit
rien de sa tranquillité, elle s'imposa un
rigoureux silence pendant que son cœur
offrait sa peine à son céleste époux, et
acquiesçait avec joie à ses souffrances
pour l'expiation de ses péchés, et pour
se conformer à Jésus souffrant, en unis-
sant ses peines à celles qu'il avait endurées

pour son amour ; un tendre regard qu'elle
jetait de tems en tems sur Jésus crucifié
dont elle avait l'image devant les yeux ,
et beaucoup plus profondément gravée
dans son âme , apaisait toutes ses douleurs et semblait émousser les rasoirs qui
lui coupaient la chair, pour la rendre insensible. C'est ainsi que la sœur de Sainte
Rose avait fait de son esprit , de son cœur,
de son corps , de tous ses sens et de toute
sa personne , une hostie vivante qu'elle
immolait tous les jours et à tous les momens à son divin époux , par le glaive
de la mortification et de son généreux
acquiescement aux souffrances et douleurs les plus sensibles et les plus aiguës.
En un mot, il n'est point de vertus chrétiennes et religieuses que la sœur de
Sainte Rose n'ait possédées dans un éminent degré , et d'une manière héroïque.

Mais, avant que d'en terminer le détail,
il est bon de remonter à leur principe et
à leur source, qui est l'amour de Dieu ,
dont les divines ardeurs consumaient peu
à peu la sœur de Sainte Rose, et qui l'ont
rendue agréable à Dieu, digne des tendresses de son céleste époux, et fait parvenir au

bonheur que nous croyons qu'elle possède
à présent. Il serait difficile de bien donner
à connaître l'amour que cette parfaite
religieuse ressentait pour son Dieu ; pour
y réussir, il faudrait dépeindre ici les
tendresses de l'épouse des sacrés cantiques , et nous ferions un portrait fidèle
de son amour. La sœur de Sainte Rose a
passé successivement par tous les états
différens de son divin amour avant que de
parvenir à la possession éternelle de son
adorable et céleste époux; et elle s'est soutenue dans tous ces états avec une fidélité
et une constance admirables, sans jamais
donner dans le moindre relâchement.

Son amour pour Dieu a été, pendant
toute sa vie, un amour souffrant et péni-
tent tout ensemble , puisqu'elle a été ex-
opsée aux plus rigoureuses épreuves,
que ces épreuves ont augmenté ses ardeurs au lieu de les diminuer , et qu'enfin elle n'a jamais cherché d'autre consolation au plus fort de ses peines, que
dans une résignation parfaite à la volonté
du Seigneur.

C'était un amour tendre , puisqu'elle ne

pouvait faire oraison sans verser des larmes, et pousser des soupirs, et que, quand elle parlait, ou entendait parler de Dieu, son cœur était tellement attendri, qu'elle pouvait dire avec l'épouse : dès que j'ai entendu la voix de mon bien-aimé, mon âme s'est comme fondue et liquéfiée.

Son amour était un amour généreux et héroïque, puisqu'elle a entrepris pour la gloire de Dieu, des choses qui paraissaient impossibles, qu'elle ne s'est jamais laissé abattre par les contradictions, ni rebuter par les difficultés qui se présentaient, ni décourager dans les peines et les obstacles qui s'opposaient à ses pieux desseins, et qu'un heureux succès a toujours couronné toutes ses entreprises, quoiqu'elles parussent au-dessus de ses forces.

Son amour était ardent et zélé ; elle prouvait en toutes choses la gloire de son céleste époux, et il n'est presque personne de son sexe et de sa condition qui ait plus travaillé pour la gloire de Dieu, que cette généreuse épouse de Jésus-Christ, soit

dans l'Hôtel-Dieu, soit dans la ville, soit
dans les lieux circonvoisins, comme
nous l'allons voir avant que de finir.

De cet amour zélé, qui l'attirait à Dieu
comme l'épouse des cantiques, et qui lui
donnait assez de talent et d'ardeur pour
en attirer l'odeur des parfums de l'époux
des vierges, procédait cette joie sensible
quand elle voyait que Dieu était honoré,
et cette douleur vive qu'elle ressentait
quand il était offensé. Son zèle alors ne
pouvait plus se contenir dans les bornes ordinaires des âmes communes ;
il fallait qu'il éclatât et ce n'était jamais sans succès, témoin l'action surprenante et irrégulière en apparence que fit
cette généreuse fille à l'égard d'un soldat
malade dans l'hôpital, à qui elle avait
fait plusieurs fois une correction douce
et charitable, sur les juremens continuels
dont il avait contracté la pernicieuse habitude depuis long-tems. Ce soldat promit à la sœur de Sainte Rose de se corriger,
mais il oublia bientôt sa promesse, et il
ne laissa pas de jurer encore le saint nom
de Dieu en sa présence. Cette amante
zélée du Sauveur, transportée d'une juste

et sainte colère, lui donna un soufflet qu'elle accompagna de reproches et de réprimandes telles que son zèle lui inspira; le soldat confus s'humilia, avoua qu'il méritait ce châtiment, et dans tout le tems qu'il demeura à l'hôpital, on ne l'entendit plus jurer.

Enfin, l'amour de la sœur de Sainte Rose, était un amour universel, et tel que notre adorable Sauveur nous le prescrit dans l'Evangile, quand il dit : vous aimerez le Seigneur votre Dieu de tout votre esprit, de tout votre cœur, et de toutes vos forces. Elle aimait Dieu de tout son esprit, puisqu'elle l'avait toujours présent, qu'elle lui consacrait toutes ses pensées, que, supposé qu'elle sortît quelquefois de cette présence actuelle, elle l'avait toujours habituelle, et que d'ailleurs tout ce qu'elle voyait, tout ce qu'elle faisait, et tout ce qu'elle entendait, lui remettait aussitôt cet adorable objet devant les yeux, dans les travaux les plus dissipans de l'hôpital. Il suffisait qu'elle passât devant l'autel, ou devant un tableau de piété pour fixer les yeux de son âme, et qu'elle entendît les voix de ses sœurs qui chantaient en chœur les louanges de Dieu, pour entrer dans des transports d'une joie spirituelle, qui paraissait jusque sur son visage.

Elle aimait Dieu de toute l'ardeur et de toute la tendresse de son cœur ; c'était un séraphin dont l'ardeur ne pouvait se cacher quand on lui parlait de Dieu ; tout son cœur s'ouvrait et s'attendrissait à l'instant, parce qu'elle entendait parler de ce que son cœur aimait : mais quand elle parlait elle-même soit à ses sœurs, soit aux séculiers, et surtout à ses pauvres malades, ses paroles étaient des paroles de feu ; ses yeux, sa bouche, son visage, tout paraissait animé et plein d'une onction céleste et d'une ardeur divine qui pénétraient jusqu'au cœur, pour y porter les étincelles des flammes dont le sien était embrasé.

Il est difficile de bien connaître si le grand amour qu'elle avait pour Dieu faisait naître en elle l'esprit d'oraison qui nourrissait dans son cœur l'amour qu'il ressentait pour Dieu. Cependant on peut dire, sans hésiter, que ces deux sublimes pratiques se soutenaient réciproquement et prenaient de nouveaux accroissemens l'une de l'autre. Elle priait souvent parce qu'elle aimait beaucoup, et que son grand amour lui facilitait l'oraison pendant laquelle elle prenait un singulier plaisir à penser à ce qu'elle aimait de tout son cœur, et elle aimait beaucoup parce que son oraison continuelle donnait toujours de nouvelles ardeurs et de nouveaux feux à son amour.

La sœur de Sainte Rose a eu, dès sa plus tendre jeunesse, un grand attrait pour l'oraison mentale, et une grande facilité à la faire : avant même qu'elle fût religieuse, elle avait quitté, par l'avis de son confesseur, cette oraison commune qui spécule et raisonne beaucoup, qui pense et forme ensuite ses résolutions sur les vérités qui ont persuadé l'esprit et convaincu le cœur. Mais Dieu l'appela de bonne heure à une oraison plus parfaite et plus élevée, et la fit bientôt entrer dans ses appartemens secrets pour parler plus familièrement à son cœur, et dans ses divins celliers pour l'enivrer de la délicieuse et céleste liqueur, de la plus sublime et la plus ardente charité. Son

oraison, comme il est facile de le recueillir
par les lettres de ses sages directeurs,
était d'une union infinie et d'une adhé-
sion très-simple à la volonté de Dieu,
une vue tranquille et un regard sublime
de la divinité en elle, et d'elle en Dieu.

Tantôt elle passait son oraison à se confondre dans la vue de sa bassesse, et à s'a-
bimer dans son néant en présence de la
grandeur infinie et de la majorité toute
puissante de Dieu. Cette petitesse extrême,
ce néant d'un côté, et cette grandeur sublime de l'autre, dont elle avait une très-
vive impression, la pénétraient si fort que,
courbée, abattue et prosternée, elle n'o-
sait plus sortir de cette posture ni lever
les yeux qu'elle tenait ou fermés ou attachés à la terre, de peur de se distraire
de la contemplation, et de son anéantis-
sement, qui avaient pour elle des charmes infinis.

Tantôt son cœur auguste, dans une
poitrine dont les bornes étaient trop étroites, pour donner l'essor aux mouvemens
que la grâce lui inspirait, se dilatait et
s'efforçait de sortir de sa prison, pour
prendre son essor jusqu'au cœur de son

céleste époux qui était son centre; et l'attirait avec une douce violence : c'étaient des désirs ardens, des soupirs de tendresse, des saillies imprévues, des transports extraordinaires qu'elle ne pouvait plus contenir, et pendant lesquels, pour soulager son cœur, il lui échappait quelquefois de dire : Ah! mon Dieu que vous êtes bon! On a quelquefois entendu ces paroles; mais la sœur de Sainte-Rose, qui croyait être seule avec Dieu, et qui ne pensait plus qu'il y eût des créatures sur la terre, parce que son esprit et son cœur étaient au ciel, était alors surprise et confuse, et elle aurait bien voulu ou n'avoir pas proféré ces paroles ou n'avoir été entendue de personne.

Tantôt elle cessait de penser, de parler et d'agir pendant l'oraison, et Dieu parlait et agissait en elle. Attentive à ce divin langage, sensible aux célestes mouvemens que Dieu lui imprimait; elle passait dans un état purement passif, Dieu prenait possession de son âme et de toutes ses puissances d'une manière ineffable : dans cette possession elle sentait un calme, un repos et une douceur qu'il est plus facile de ressentir que de définir. C'était alors qu'absorbée, perdue et noyée, pour ainsi dire, dans le vaste océan de la divinité, elle expérimentait la vérité de cet oracle prononcé par le disciple bien aimé, qui dit que celui qui demeure dans la charité, demeure en Dieu et Dieu en lui. Dans cette possession réciproque, elle était tellement recueillie et attentive aux opérations divines qu'elle éprouvait, que ses sens extérieurs s'en ressentaient et que rien de ce qui était créé n'était capable de la distraire et de lui causer de la joie ou de la douleur.

Sortait-elle de l'oraison actuelle et de la contemplation la plus sublime pour vaquer à ses autres devoirs, l'esprit d'oraison ne l'abandonnait jamais, l'accompagnait partout, et même dans ses occupations les plus laborieuses et les plus dissipantes; c'était une impression si forte de grâce, d'onction et de sentiment de Dieu, qu'il fallait qu'elle se fît violence pour parler aux créatures et agir à l'extérieur. Ce qui allait si loin, qu'elle ne pouvait plus prier vocalement, ayant beaucoup plus de goût à payer à Dieu le

tribut du cœur que celui des lèvres. De là
vient que, quand elle voulait articuler
quelques prières vocales et même l'oraison dominicale, le premier mot la trans-
portait tellement hors d'elle-même, qu'il
lui était presque impossible de l'achever ;
et presque toutes les prières qu'elle arti-
culait se réduisaient à celle-ci ; qu'elle
avait prise du roi prophète et que son
cœur prononçait bien mieux que sa langue : mon Dieu ! que vous êtes bon !
Aussi-tôt qu'elle l'avait prononcé, c'était
une ardeur, un transport, une paix et un
recueillement qu'on ne peut exprimer.
Quel bonheur ! quelles délices de savoir
prier de cette manière ! et quelle fidélité
de s'être rendue digne de cette grâce, qui
ne serait pas encore assez achetée par le
travail de toute la vie.

Mais, lorsque la sœur de Sainte Rose
priait en présence de l'auguste sacrement
de nos autels, ou qu'elle assistait à la
sainte messe, elle avait alors une dévotion si tendre, une foi si vive, un amour
si ardent et un respect si profond, qu'on
l'eût prise pour un de ces séraphins qui
assistent devant le trône de Dieu, déguisé

sous une forme humaine : sa dévotion et
son respect allaient jusqu'au tremblement;
et ce saisissement universel qui s'empa-
rait de toute sa personne, lorsque, par les
yeux de la foi, elle voyait toute la majesté
de Dieu cachée sur nos autels, l'aurait fait
tomber par terre si son amour et sa confiance n'étaient venus au secours de sa
faiblesse pour la soutenir; et surtout
quand elle s'approchait de la sainte table
pour recevoir la divine eucharistie, elle
était obligée de se tenir à la grille de
crainte de tomber, à cause de cette frayeur
respectueuse dont elle était saisie, parce que l'opération de Dieu était si forte
dans son âme, qu'il était difficile que le
corps n'y succombât. Les âmes saintes qui
se conduisent par la foi et par l'amour ,
et qui sont bien persuadées de la grandeur
infinie de Dieu et de leur propre bassesse,
n'ont pas de peine à comprendre cette
opération.

La sœur de Sainte Rose aurait bien
voulu passer les jours et les nuits dans
une adoration perpétuelle aux pieds de son
Dieu, de son sauveur et de son époux
sacrifié sur les autels; elle n'y serait pas

demeurée oisive, son esprit et son cœur
auraient assez trouvé de quoi y passer
agréablement le tems de sa vie ; mais ses
devoirs l'appelaient ailleurs, et il fallait
souvent quitter le chef pour aller secourir ses pauvres membres ; mais elle su-
pléait à son impuissance en laissant, pour
ainsi dire, son esprit et son cœur auprès
du sanctuaire où résidait l'objet de ses
tendresses et de ses respects, pendant
qu'elle ne pouvait y assister corporelle-
ment.

On peut dire que la vie tout entière de
la sœur de Sainte Rose, était une préparation continuelle à la sainte communion.
Son esprit toujours recueilli y pensait incessamment, son cœur poussait des désirs
ardens et avait une soif perpétuelle de
cette divine nourriture ; elle s'en approchait le plus souvent qu'il lui était possi-
ble et toujours avec des ardeurs nouvelles,
et jamais elle n'a manqué par sa faute
aucune communion de règle.

De cette foi vive et de cette ardente dévotion pour le saint sacrement, pour
la sainte communion et l'auguste sacrifice de la messe, procédait l'estime de

leur efficacité pour le soulagement des âmes
qui souffrent dans les flammes du purga-
toire. Sa charité qui ne s'étendait pas seulement aux pauvres malades qui languissent
sur la terre, mais encore à ceux de l'autre
monde, qui souffrent les ardeurs insup-
portables du feu, et qui gémissent et
soupirent après la possession d'un Dieu
dont ils sont privés ; sa charité était si
ingénieuse que, n'ayant pas de quoi faire
dire des messes pour le soulagement de
ces pauvres âmes, qui ne peuvent se
soulager elles-mêmes, elle s'était fait
aimer de quelques prêtres charitables
qui, en sa considération et à sa prière,
disaient gratuitement des messes pour
les pauvres malades morts dans l'Hôtel-
Dieu : outre cela, elle demandait avec
une sainte et pressante charité, les prières et les communions des religieuses
de la maison et de toutes les saintes âmes
qui étaient en liaison avec elle ; et de son
côté elle priait sans cesse, elle commu-
niait et faisait des pénitences très-austères
pour procurer au plus tôt à ces âmes souf-
frantes qu'elle avait assistées pendant leur

6*

maladie, la délivrance de leurs peines
et la possession de Dieu.

Mais il ne faut pas omettre ici une action des plus héroïques, des plus rares et
des plus extraordinaires que j'ai apprise
par des personnes de probité et dignes de
foi, qui prouve également l'ardeur du
courage et de la foi de la sœur de Sainte
Rose, à l'égard de l'auguste sacrement de
nos autels. On avait administré le saint
viatique à un de ses malades ; elle était,
selon la coutume, à genoux auprès de
lui pour l'aider à profiter de ces précieux
momens pendant lesquels il possédait
un Dieu en substance auprès de son cœur,
lorsqu'un vomissement imprévu lui fit
rejeter à terre, malgré lui, la sainte hostie qu'il venait de recevoir.

Que fera la sœur de Sainte Rose, dans
un accident qui la perce de douleur? Le
prêtre qui vient d'administrer le malade
n'y est plus pour remédier à cette disgrâce.
Ce sacré dépôt qui renferme tout ce que le
ciel et la terre adorent, restera-t-il à terre
parmi les saletés infectes, sorties d'un es-
tomac plein de pourriture et de corruption ?

Cette généreuse fille, après avoir gémi de voir le corps de son Sauveur dans cet état, se jette par terre, l'adore et après une ardente et courte prière qui lui servit de toute préparation à cette communion si extraordinaire, munie d'un courage héroïque et d'une foi vive dont il y a peu d'exemples, elle avale généreusement cette sainte hostie, que ses yeux avaient auparavant démêlée au milieu des matières dont elle était environnée et imbibée : elles n'ont rien pour elle de dégoûtant, puisque le corps adorable de son Dieu, qui faisait toutes ses délices, s'y rencontre, et elle ne craint ni de gagner la maladie ni de trouver la mort, où elle voit par les yeux de la foi, la source et la santé de la vie : pouvait-elle donner des marques plus éclatantes de sa foi et de son amour pour l'auguste sacrement de l'eucharistie ?

Je termine la vie de la sœur de Sainte-Rose, en parlant de sa dévotion envers la sainte-Vierge : c'était aussi par là qu'il fallait couronner toutes ses belles actions ; c'est en effet par cette dévotion qu'elle a dans Saint Nicolas, dans la ville et dans les lieux circonvoisins , plus que par toutes ses autres vertus , montré l'attrait dominant de son âme , et la tendresse de son cœur.

Elle avait sucé cette dévotion avec le lait de sa mère, elle s'est accrue notablement pendant sa jeunesse, et elle s'est toujours augmentée jusqu'à sa mort.

Ce n'était point une dévotion puérile et mal entendue; elle n'avait rien d'outré dans ses pratiques ni dans les plus glorieuses entreprises : par là , elle condamnait certaines personnes dévotes qui rendent à cette divine mère un culte mal ordonné et souvent superstitieux , qui croient être en droit de lâcher la bride à leurs passions , de croupir dans leur paresse , ou de contenter en tout leur vanité et leur amour-propre, pourvu que d'ailleurs elles disent leur chapelet, quoique sans dévotion et sans recueillement.

La dévotion de la sœur Sainte-Rose, envers la très-Sainte-Vierge , était une dévotion réglée et soutenue. Son principe était l'amour ardent et zélé qu'elle portait à Jésus-Christ; elle était persuadée qu'elle ne pouvait pas donner un plus

grand témoignage de son attachement au
Fils que par la tendresse qu'elle portait
à sa divine Mère, ou plutôt ces deux
amours ensemble n'en faisaient qu'un
seul, comme la chair de l'un et de l'autre
n'était qu'une même chair quant au
principe.

La sœur de Sainte-Rose aimait tendrement cette vierge si pure, que l'église
appelle une rose mystique, elle l'hono-
rait, la respectait ; mettait sa confiance
en son crédit, et en sa protection qu'elle
implorait par des prières ferventes et
continuelles. Mais elle faisait consister
l'essentiel de sa dévotion à l'imiter dans la
pratique de ses vertus, et elle mettait
tout en usage pour la faire honorer de
tout le monde : voilà le caractère de la dévotion envers la mère de Dieu.

Les respects qu'elle lui rendait étaient
remarquables ; elle ne passait jamais devant une de ses images sans s'incliner profondément, et sans lui adresser quelques
prières, à laquelle le cœur avait plus de
part que la bouche. Sa confiance était
extraordinaire, elle était son refuge dans
ses disgrâces ; son unique ressource dans

tous ses besoins spirituels et corporels, sa consolation dans ses peines; aussi avait-elle l'heureuse expérience, de ne lui avoir jamais rien demandé qu'elle ne l'ait obtenu.

Son amour et sa tendresse ne pouvaient aller plus loin; elle n'entendait jamais louer cette Vierge sainte sans être transportée de joie, ni entendre qu'elle fût ou négligée, ou déshonorée sans être touchée d'une vive douleur : ce que nous justifierons par les faits suivans, dont les monumens précieux subsistent encore et subsisteront long-tems.

Mais sa fidélité à imiter cette divine mère, était du moins aussi grande que son respect, sa confiance et son amour; elle était son image vivante, et on peut dire que la plupart des traits que saint Ambroise nous a laissés de Marie dans son livre adressé aux vierges chrétiennes, se trouvaient dans cette fidèle copie, cette pureté admirable, cette modestie angélique, cette humilité profonde, cette sagesse incomparable, cet amour du silence et cette circonspection dans ses paroles. Voilà en partie le portrait de la

Sainte-Vierge tracé par un saint docteur ;
et voilà ce que la sœur de Sainte-Rose s'est
efforcée d'imiter pendant toute sa vie, et
qui fait le capital de sa dévotion envers
cette divine mère. Voyons à présent ce que
son zèle lui a fait entreprendre pour sa
gloire.

. Comme tout son désir était de faire aimer et honorer la très Sainte-Vierge, et
que ce désir lui était inspiré de Dieu,
aussi n'a-t-elle jamais rien entrepris dont
elle ne soit venue à bout. Imaginez-vous
une pauvre sœur converse qui n'a d'autre trésor que celui de sa pauvreté, et
qui, du fond de cette pauvreté, a tiré des
sommes très-considérables pour des entreprises considérables.

Elle n'a pas une obole, et elle fait construire une chapelle magnifique en son
honneur; cette chapelle étant bâtie, son ingénieuse pauvreté trouve encore le moyen
d'y ajouter tous les ornemens qui convien-
nent à ce pieux édifice et tout ce qui
peut attirer la dévotion et même la curio-
sité. Elle fait élever une grande figure en
relief de la Sainte-Vierge, sous le titre de
Notre-Dame de bonne délivrance; cette

figure est d'une beauté parfaite, entièrement dorée, avec une couronne de
vermeil, ornée de perles et de pierres
précieuses. Cette chapelle qui fait à présent un des plus beaux ornemens de la
maison de Saint-Nicolas, a eu tout le
succès qu'on pouvait espérer ; aussi avait-
elle été édifiée avec sagesse, et posée sur
la pierre ferme, parce que la mère de
Dieu à laquelle elle a été dédiée, en
avait conduit tout le dessein, et présidé à
toute l'exécution ; elle est devenue l'oratoire commun, et le lieu de dévotion
de toute la maison. La sœur de Sainte
Rose y attirait par son zèle et sa piété,
toutes les religieuses de ce saint monastère pour y chanter des louanges, des
cantiques, des litanies, et des saluts en
l'honneur de la Reine du ciel et de la
terre. C'est dans cette chapelle, où elle
allait elle-même, plusieurs fois le jour,
répandre son cœur en présence de cette
Vierge sainte et prier avec une ardeur
admirable, pour elle, pour ses sœurs et
pour les pauvres malades de l'hôpital.
Ce saint lieu qui est son ouvrage, a souvent retenti de ses sanglots et de ses sou-

pirs, a souvent été arrosé de ses larmes, et même de son sang pour les macé-
rations qui ont peut-être concouru à nous
enlever trop tôt ce riche trésor.

Sa dévotion envers la sainte Vierge n'é-
tait pas bornée à son seul monastère,
il lui fallait une plus vaste étendue pour
contenter son zèle qui n'avait point de
bornes, elle se répandait partout avec
succès et bénédiction. La sœur de Sainte
Rose s'était fait une loi de donner, tous
les ans, en l'honneur de la Sainte-Vierge,
une layette fort propre, et garnie abon-
damment de toutes les choses nécessaires à un enfant qui naîtrait de pauvres
parens, ou le jour de la nativité de Notre-Dame, ou pendant l'octave, et à qui
on imposait le nom de Marie. Elle n'en de-
meurait pas là, et donnait encore un petit
fonds pour sa première robe ; elle faisait
tenir ces petits vêtemens par un prêtre,
et offrait elle-même l'enfant à la Sainte-
Vierge, dans sa nouvelle chapelle, avec
une dévotion qui charmait tout le monde.

Mais si vous me demandez où la sœur
Sainte-Rose trouvait de quoi satis-

7

faire à ces pieuses dépenses qui mon-
taient assez haut, elle qui, ayant renoncé à tout, chérissait la pauvreté, et
était peut-être la plus pauvre de toutes
les épouses de Jésus-Christ, je vous di-
rai que son fonds était la Providence qui
rendait sa pauvreté même abondante.

Quand elle avait entrepris quelque
chose pour la gloire de Dieu ou de la
Sainte-Vierge, ou pour le secours de ses
malades, sa ressource était la mère de
Dieu; elle allait se prosterner avec confiance à ses pieds, lui demandait l'au-
mône pour elle-même et pour sa propre
gloire, lui représentait ses besoins avec
une simplicité et une ingénuité qui marquaient sa foi et sa confiance, et la rendaient digne d'être secourue; et pres-
qu'aussitôt les amis ne manquaient pas
de lui apporter amplement de quoi four-
nir à ses entreprises. On a vu plusieurs
fois des personnes dévotes de la ville, venir la trouver en secret pour éviter l'é-
clat, et lui donner, l'une de l'argent, l'autre un collier de perles, l'autre une bague,
les autres des bijoux de prix : on lui a

même quelquefois envoyé ces secours de fort loin, soit de Paris, ou d'ailleurs, sans qu'elle pût découvrir quelles étaient les personnes à qui elle en était redevable.

Il y avait plus de vingt ans que la sœur de Sainte Rose avait conçu le dessein de faire poser sur une des portes de la ville nommée la Porte d'Ardoise, une grande figure de la Sainte-Vierge, parce que cette ville si ancienne, ayant été renommée depuis plusieurs siècles pour faire les délices de nos rois, l'était encore plus pour être toute dévouée à la mère de Dieu, et que d'ailleurs il n'y avait que cette porte qui fut destituée de cet ornement. Mais ce dessein passait ses forces, parce qu'il aurait fallu faire une trop grande dépense. Cette porte était toute délabrée, il fallait la réparer avant que de l'orner, ce qui aurait coûté beaucoup. Il fallait, ou acheter une grande figure en relief de la Sainte-Vierge, ou trouver un habile ouvrier pour la faire, la payer et construire des ornemens à la porte et à la figure : mais tous ces obstacles ne déconcertaient point la sœur de Sainte-Rose ; et voici ce qui donna lieu à l'entreprise, et à l'exécution de ce dessein si vaste pour une pauvre converse.

Entre une infinité de saintes pratiques de la maison de Saint-Nicolas de Compiègne, c'en est une fort louable de donner chaque mois aux religieuses une sentence et un saint, pour protecteur et pour modèle, au mois de janvier. Il en échut un à la sœur de Sainte-Rose, où elle apprit qu'il avait eu pendant sa vie, une singulière dévotion à une vierge qui était sur la porte d'une ville d'Italie. Voilà, dit-elle aussitôt, mon saint patron qui m'obtiendra de Dieu et de sa divine mère, l'exécution de mon dessein. Elle se mit à genoux, et dit à ce cher patron d'un mois : il y a près de vingt ans que je m'adresse à tous les saints du Paradis pour réussir dans mon dessein, je n'obtiens rien; c'est à vous à faire cet heureux coup, et elle ajouta avec sa simplicité ordinaire : si vous ne le faites, je désespère de jamais réussir, et j'abandonne tout.

A peine eut-elle fait sa prière, que, pleine de confiance, elle met la main à l'œuvre; elle demande et obtient toutes

les permissions nécessaires des magistrats
de la ville ; elle fait faire par un habile
sculpteur une parfaitement belle statue de
la Sainte-Vierge en relief, la fait peindre
et dorer ; elle envoie des maçons pour re-
lever les débris de la porte, faire une ni-
che conforme à la figure, et orner le tout
de peintures très-propres.

La cérémonie se fit le second diman-
che de juillet de la même année, et
cette fête de piété fut la plus magnifique
qu'on eût encore vue. Presque toute
la ville y assista. La Sainte - Vierge fut
portée avec beaucoup de pompe, sur un
brancard orné de luminaires et de fleurs,
accompagné de cent filles dévotes qui
avaient toutes un cierge à la main ; le
peuple en foule, mais sans désordre, pré-
cédait et suivait la procession répondant
aux litanies que les enfans de chœur des
paroisses entonnaient.

Cette procession arriva de Saint-Nicolas à la porte de la ville avec beaucoup de pompe, d'ordre et de dévotion ;
aussi était-elle conduite avec toute la sagesse et la piété qu'on pouvait attendre du
révérend père Senieur jésuite. On éleva

et plaça la figure aux cris de joie et aux
applaudissemens de tout le peuple ; on
chanta plusieurs cantiques en l'honneur
de la Sainte-Vierge, qui furent terminés
par le *Te Deum* ; et le révérend père Senieur finit saintement la cérémonie de
cette dédicace, par un sermon éloquent
et plein d'onction qu'il fit sur le lieu même
où on avait élevé une chaire : le discours
était sur cette action d'éclat, sur les gran-
deurs de Marie, et sur l'engagement qu'a-
vaient formé les fidèles de mettre en elle
leur confiance , d'implorer sa protection
et d'imiter ses vertus.

On donna à la statue le nom de Notre-
Dame-de-Bénédiction, et on se retira après
que la sœur de Sainte Rose eut fait distri-
buer aux assistans une quantité prodigieuse de chapelets. La fête de ce jour finit
par des illuminations et des feux de joie,
et tout le peuple donnait mille bénédictions à celle qui était venue à bout si heu-
reusement de cette sainte entreprise.

La sœur de Sainte Rose , cette fervente
zélatrice de la gloire de Marie qui ne pouvait assister à cette cérémonie, y était cependant d'esprit et de cœur ; sa joie était

accomplie, elle s'unissait avec tous ses concitoyens pour chanter les louanges de la mère de Dieu , et on ne peut expliquer les consolations sensibles dont elle fut comblée alors.

Cependant les dépenses étaient considérables, les ouvriers n'étaient pas payés, et la sœur de Sainte Rose n'avait amassé aucuns fonds pour y satisfaire. Elle n'en eut aucune inquiétude, parce que sa confiance était beaucoup plus grande que la somme dont elle avait besoin : elle eut recours à Marie, son asile ordinaire dans tous ses besoins , et qui ne lui ayant jamais manqué , lui suscita des amis qui lui apportèrent de quoi commencer le paiement. Mais il s'en fallait encore de beaucoup qu'elle n'eût de quoi satisfaire à tout, elle fut inspirée de s'adresser à l'électeur de Bavière qui, depuis son séjour à Compiègne, avait contribué à toutes les œuvres de piété dont il a laissé de pieux monumens dans tous les monastères de religieuses de la ville. Ce prince, aussi religieux qu'il a l'âme grande et libérale , donna aussitôt de quoi satisfaire tous les ouvriers ; et l'ouvrage fut consommé au

contentement de tout le monde, et surtout, de la sœur de Sainte Rose.

Dans le moment, cette sainte fille qui
ne se reposait jamais quand il était question d'avancer le culte et de procurer la
gloire de la mère de Dieu, conçut un autre dessein qu'elle exécuta avec le même
zèle et le même succès. Non contente d'a-
voir fait poser plusieurs de ses figures
dans le monastère de Saint-Nicolas et dans
plusieurs pauvres églises des villages circonvoisins pour lui procurer les respects
des fidèles qui verraient ces images, elle
apprit que le curé d'un village, à quelques lieues de la ville, avait une grande
statue de la Sainte-Vierge qu'on avait
laissé ronger par les vers, mutiler et dé-
figurer d'une manière pitoyable; que ce
curé n'osant la mettre sur un autel, ni
l'exposer dans ce triste état à la vénération
des peuples, de peur de déshonorer l'ori-
ginal d'une copie si délabrée, et qu'on la
laissait, depuis bien des années, derrière
une porte, dans la poussière et l'ordure,
la sœur de Sainte Rose, à cette fâcheuse
nouvelle qui la pénétra d'une douleur pro-
portionnée à l'amour qu'elle avait pour

Marie, sentit rallumer toute la vivacité de son zèle.

Quoi, dit-elle, souffrirai-je l'image de la mère de mon Dieu sans honneur, je la demanderai à ce curé il me la donnera facilement, puisqu'il en fait si peu de cas : elle lui écrit et lui envoie deux hommes pour rapporter la figure de celle qu'elle appelait souvent la bonne mère. On la lui envoie, elle la reçut comme un précieux trésor, mais le délabrement universel où elle la vit lui causa un vrai chagrin ; elle entreprend de la réparer, elle la met entre les mains d'un ouvrier très-habile qui la répare si parfaitement, qu'ayant été mise en couleur et dorée avec un manteau de fleur-de-lis d'or, elle est à présent d'une beauté charmante. Voilà en partie les effets de la dévotion et du zèle de la sœur de Sainte Rose envers la mère de Dieu.

Ce projet exécuté, elle en conçut un autre ; mais Dieu qui voulait couronner les mérites de l'amie de sa divine mère et de son épouse, si pure et si fidèle, lui procura une consolation bien plus grande, qui est de lui faire voir, non pas en figure,

mais en réalité, la Vierge sainte et lui-
même dans le ciel pour une éternité tout
entière.

Elle tomba malade d'une très-violente
colique, la veille de la fête du très-Saint-
Sacrement, à dix heures du soir, et cette
dernière maladie ne dura que trente-cinq
heures : on ne vit jamais une si grande
patience jointe à de si grandes douleurs.
Semblable à cet agneau mystérieux d'un
prophète, qui garde le silence pendant
qu'on le dépouille de sa laine, la sœur de
Sainte Rose ne profère aucune plainte
pour se soulager dans sa peine. Tandis
qu'une douleur excessive lui déchire les
entrailles, son air doux et tranquille, son
visage content et serein, ses yeux baissés
par modestie et qu'elle n'ouvrait que pour
considérer dans une image de Jésus-
Christ qu'elle avait attachée à son lit, le
divin modèle sur lequel elle devait se conformer dans ses excessives douleurs, ou
sur celle de la Sainte-Vierge, pour implorer son assistance, faisaient croire à celles
qui la venaient visiter, ou qu'elle était en
oraison, ou qu'elle commençait à se mieux
porter : cependant, lorsqu'on l'obligea de

dire l'état où elle se trouvait, elle fut obligée d'avouer que ses douleurs étaient extrêmes, qu'elle sentait bien qu'elle allait mourir et qu'il fallait se hâter de lui donner les derniers sacremens. Le lendemain, elle eut le bonheur d'entendre la sainte messe dans la salle des malades où elle aurait voulu avoir la consolation de finir ses jours, afin de mourir en pauvre, et dans la compagnie des pauvres qu'elle avait tant aimés pendant sa vie.

Mais il fallait obéir et se laisser transporter dans l'infirmerie pour y être mieux secourue; elle passa toute la journée dans des douleurs qu'on ne peut exprimer, et dans une résignation si tranquille et si parfaite, que, rentrant dans les sentimens où elle avait été dans une autre maladie grave dont nous avons parlé, quelque sollicitation qu'on lui fît, elle ne voulut jamais joindre ses prières à celles de ses sœurs pour le recouvrement de sa santé, répétant toujours ces mots, *fiat voluntas tua*, voyant même avec chagrin les louables empressemens des religieuses à la servir, à la soulager, et ne pouvant souffrir qu'elles répandissent des larmes à son sujet.

Elle n'avait garde, en effet, de prier pour la prolongation de son séjour sur la terre qui lui était à charge , et qu'elle regardait comme un exil, ni par conséquent pour le retardement d'un bonheur après lequel elle soupirait depuis tant d'années, désirant ardemment , avec saint Paul, la dissolution de son corps mortel pour jouir des chastes embrassemens de son céleste époux.

La sœur de Sainte Rose se confessa avec une grande abondance de larmes, mais elle ne put recevoir le saint viatique, à cause de ses vomissemens continuels ; y suppléa de son mieux par ses désirs , ses ardeurs , et par la communion spirituelle ; on lui administra le sacrement de l'extrême-onction , et enfin elle expira pendant que toutes ses sœurs fondaient en larmes. Sa mort arriva le vingtième du mois de mai de l'année mil sept cent douze, et de son âge la cinquante-troisième. Dès que les cloches avertirent le peuple de son décès, on pensa beau-

coup plus à faire son éloge qu'à prier pour
elle, parce qu'on la regardait comme une
sainte qui jouissait de Dieu, et dont on
pouvait implorer le secours et la protection. Tout le monastère de Saint-Nicolas,
aussi bien que l'hôpital, retentissait de
sanglots et de soupirs, et toute la ville
de Compiègne fut dans la consternation
les pauvres, en la pleurant, disaient
qu'ils avaient perdu leur mère ; les
religieuses, fondant en larmes, pleu-
raient amèrement la plus aimable et la
plus chère de toutes leurs sœurs, la plus
tendre et la plus secourable de toutes
leurs amies, leur consolation dans leurs
peines et leurs disgrâces, leur ressource dans tous leurs besoins, leur conseil dans leurs doutes, leur secours dans
leurs maladies, la sage dépositaire des
secrets de leurs cœurs, et l'exemple vivant
qui les animait et les soutenait dans la
pratique de la vertu.

Le concours fut extraordinaire à ses
obsèques ; il fallut user de prudence et
même d'une espèce de violence pour modérer les empressemens du peuple qui
avait une singulière vénération et une

tendre amitié pour elle ; toutes les personnes de piété venaient en foule pour baiser, avec un profond respect, ses pieds qui avaient fait tant de démarches de charité pour secourir le prochain, et ses mains qui avaient servi Jésus-Christ avec tant d'ardeur et de persévérance dans ses membres ; et comme si la mort eût adouci ses horreurs, et se fût dépouillée de ce qu'elle a de plus effrayant en faveur d'une sainte religieuse hospitalière qui, pendant sa vie, s'était familiarisée avec elle, étant les jours et les nuits avec les morts sans en être effrayée, plusieurs dames l'embrassèrent sans répugnance, comme si elle avait été vivante, et arrosaient de leurs larmes ce visage où il semble que la mort n'a osé renfermer rien d'affreux.

Les religieuses commencèrent l'office des morts pour cette illustre défunte qu'elles avaient devant les yeux ; mais leurs sanglots interrompaient souvent leurs sacrés cantiques, et leur voix était étouffée par les cris et les gémissemens des assistans qui se faisaient beaucoup mieux entendre.

L'estime que l'on avait de la sainteté de la sœur de Sainte Rose était si universelle, qu'au lieu de prier le Seigneur pour le repos de son âme, chacun la priait et l'invoquait comme une sainte déjà couronnée dans le ciel, et lui demandait ses besoins avec une ardeur, une piété et un empressement qu'il serait difficile d'expliquer; je n'ose pas douter qu'ils n'en aient été secourus, et que Dieu n'ait écouté leurs prières.

Comme il fallait satisfaire à la piété du peuple, on plaça deux pensionnaires auprès de la grande grille du chœur pour recevoir les chapelets, les livres, les linges, les croix et les images qu'on voulait faire toucher à son corps, ce qui dura pendant tout le tems qu'elle a été exposée dans l'église. Les sanglots et les cris augmentèrent quand on couvrit de terre ce corps où avait séjourné une si belle âme, dont la mémoire est en bénédiction sur la terre, pendant que nous avons tout lieu de croire qu'elle jouit et jouira éternellement de Dieu dans le ciel.

FIN.

www.ingramcontent.com/pod-product-compliance
Lightning Source LLC
Chambersburg PA
CBHW052056090426
42739CB00010B/2203